隐墅模式

马勇伟 / 著

中华工商联合出版社

图书在版编目(CIP)数据

隐墅模式：践行乡村振兴战略的超级IP / 马勇伟著. —北京：中华工商联合出版社，2023.3
ISBN 978-7-5158-3612-6

Ⅰ.①隐… Ⅱ.①马… Ⅲ.①农村商业－商业模式－研究 Ⅳ.①F713

中国国家版本馆CIP数据核字（2023）第020491号

隐墅模式：践行乡村振兴战略的超级IP

作　　者：	马勇伟
出 品 人：	刘　刚
责任编辑：	胡小英
装帧设计：	国风设计
排版设计：	水日方设计
责任审读：	李　征
责任印制：	迈致红
出版发行：	中华工商联合出版社有限责任公司
印　　刷：	北京毅峰迅捷印刷有限公司
版　　次：	2023年3月第1版
印　　次：	2024年12月第4次印刷
开　　本：	850mm×1168mm　1/32
字　　数：	170千字
印　　张：	9
书　　号：	ISBN 978-7-5158-3612-6
定　　价：	26.90元

服务热线：010－58301130－0（前台）
销售热线：010－58302977（网店部）
　　　　　010－58302166（门店部）
　　　　　010－58302837（馆配部、新媒体部）
　　　　　010－58302813（团购部）
地址邮编：北京市西城区西环广场A座
　　　　　19－20层，100044
http://www.chgslcbs.cn
投稿热线：010－58302907（总编室）
投稿邮箱：1621239583@qq.com

工商联版图书
版权所有　侵权必究

凡本社图书出现印装质量问题，请与印务部联系。
联系电话：010－58302915

推荐序一 中国"隐墅"的发展前景

（肖劲风：中国智库理事会副理事长兼
秘书长、高级研究员）

中国改革开放四十年，催生出许多经济、生活的新理念。习近平总书记多次强调："绿水青山就是金山银山"。高度重视生态环境保护，倡导人与自然和谐共生，把生态文明建设纳入国家发展总体布局，努力建设美丽中国。浙江省的生态文明建设走在全国前列。

源自日本的"民宿"理念也在我国普及开来。"民宿"即指利用闲置资源，民宿主人参与接待，为游客提供体验自然文化与生活方式的小型住宿设施。民宿不同于传统的旅馆、饭店，它可建在山野乡村，也可建于城镇闹市。

中国民宿得益于中国的城市化发展，在北上广深等大城市的城乡结合位置逐渐形成了集餐饮、娱乐、短期休闲为一体的"农家乐"，使城市中白领、金领阶层等所谓中产阶层，在高效、快节奏日常生活工作之余，利用节假日得到身心的放松，舒缓平时紧张的工作情绪，这也可称为"乡野自然理疗"。

"隐墅"概念的提出可归功于浙江隐墅文旅产业发展有限公司的董事长马勇伟，早年在大学时代他就担任共青团团委副书记。针对长三角地区经济体量大，交通便利，中产阶层人数激增的现况，马勇伟和他的隐墅团队相中了毗邻温州大学城大罗山山顶的盘垟村，成为这个团队的首个试验田。盘垟村也是道教中"天下第二十六福地"之一。杨梅摇曳，茶花漫野，翠竹幽幽，云雾缭绕村间，阡陌鸡犬相闻。然而改革开放后，大多数村民或城中打工，或山下创业，这个建于明朝的古村落人烟稀少，石屋长满蒿草，已是满目荒凉。

马勇伟和他的创客团队，把盘垟村定位为浙南最美山村之"盘云谷文化创意村"。他们把57栋石屋村舍通过与房主签订长期租赁协议，通过简约简单的装饰，使石屋成为晚上能开启天窗望星辰，听虫鸣鸟语；白天能仰卧观蓝天白云，日常起居烹茶、煮咖啡，还能兼具读书看报、沐浴饮食、琴棋书画等休闲功能，并集WiFi网络、公共餐厅、酒吧等为一体的现代化生活空间。

每栋隐墅可通过长期租赁、股权入股、众筹等现代资本模式进行运作，盘活了整个盘垟村的闲置石屋民舍。

山民们有收益，公司有效益，游客们有归属感和心灵精神的愉悦，返璞归真的田园生活，使山民、公司、游客共同受益。

马勇伟和他的创客团队在温州盘垟村见成效后，又与浙江丽水市被誉为"最后的江南秘境"的松阳云上平田达成战略合作，开始了新的实践。因为该村靠近松阳县城，他们以慢生活为主题，把一些破旧老屋改造成农耕馆、艺术家工作室、精品民宿。

这些兼具现代化文明与农耕文化相契合的文化生活建筑设计方案，赢得了国家住建部、英国著名杂志等海内外有关单位组织评选的一些重量级设计大奖。

这些，正合我国目前乡村振兴战略的主旨。习近平总书记指出：实现城乡一体化，建设美丽乡村，是要给乡亲们造福……不要大拆大建，特别是古村落要保护好，农村绝不能成为荒芜的农村。

截至目前，中国广袤的大地上有近二百多万个自然村落，在伟大的城市化运动中逐渐消失。取而代之的是高耸入云的城市楼房"水泥森林"。如果再不加以遏制，中国许多建制百年乃至千年的乡土祖屋，将在这场工业化进程中消亡殆尽。中国人的乡愁、终老后的归宿，将成为历史的尘烟。

生态文明建设国策的形成，使当代中国人能够留住乡愁，留下给予后代子孙的各种乡土资源，也极大地促进了生态环境好转，空气污染指数降低，人民的幸福指数提升。

隐墅不同于乡间别墅，不同于城乡民宿，不同于城市外围的农家乐。隐墅是城市白领、金领等中国式中产阶层工作之余的休闲、度假、生态旅游，一种城市人独特的放飞心灵的绿色生态生活模式。

中国式中产阶层不同于西方发达国家中产阶层的生活方式，更不同于日本、韩国、中国港澳台地区中产阶层的生活方式。改革开放四十年的时间中，已经嬗变出许多经济模板。隐墅经济模式是后改革开放时代的模板之一。隐墅经济模式的规范、规模形成需要一定时间，然后是隐墅文化的产生，最后是中国传统乡贤文化与现代的隐墅文化融合，最终形成中国最美乡村经济的社会氛围。

宏观探道，微观求真。祝愿马勇伟和他的隐墅创客团队，在中国改革开放最前沿的温州大地开拓出一条先人未曾踏出的路径。虽然，隐墅经济模式尚需完善和科学性的规范，但是，这个团队在追求幸福的道路上，一定能够掀起一片波澜。祝愿《隐墅模式》一书的出版，为中国的美丽乡村建设，带来抛砖引玉般的巨大效应。

推荐序二　隐墅模式大有可为

（曾成钢：中国美术家协会副主席、中国雕塑学会会长）

　　时间来到2018年，乡村振兴战略在国家一系列政策出台的大背景下，正在吸引着越来越多人、企业及机构的关注。这一年，中央一号文件《中共中央国务院关于实施乡村振兴战略的意见》发布，李克强总理在《政府工作报告》中也指出："大力实施乡村振兴战略"。

　　农业农村农民问题是关系国计民生的根本问题，实施乡村振兴战略也是奠定国家现代化的重要措施之一。十九大报告已对乡村振兴战略提出了明确的指导思想、目标任务和基本原则，但在这些指导框架下，如何找到一个又快又好的能够激发乡村活力的有效模式呢？

　　我们现在能够看到，关于乡村振兴战略，全国各地进行了很多种不同的尝试。而在这些尝试中，马勇伟先生打造的隐墅模式是非常具有潜力的。

　　我认识马勇伟先生已经多年，这些年里他

创办的企业一直都围绕着文化创意及乡村这一块范围在做，例如文化创意产业园区打造、历史文化街区改造、古村落保护与开发、乡村节庆运营等。

在常年与乡村打交道的过程中，他对乡村最强的感知就是乡村的破败和没落，有的房子因为没人住就塌了，或者是毁坏了，乡村不再像小时候那样充满生机，反而是愈发破败。而且，原来那些留存在乡村中的中国传统资源也成了巨大的浪费。他曾经感叹说："中国有260多万个自然村，如果这些村子都这样发展下去，那消失的就绝不仅仅是房子、村子，还有蕴含在每个村子中的独特的文化。"

基于这些原因，马勇伟一心想要活化乡村，这和乡村振兴战略的大方向是不谋而合的。也因此，马勇伟先生积极投身于了民宿产业，他要用"乡创+文创"的方式将乡村拯救下来，并且让乡村变得更好、更美丽。

在这个理念下，马勇伟先生陆续打造了很多隐墅。所谓隐墅，就是隐于乡村，融合了地道的传统文化，除了住宿，还兼具旅游、商贸、土特产开发等诸多产业的方式，它完全不同于传统意义上的城市休闲，却又是中产阶级很好的生活旅游所在地，当然又是当地农民致富的有力推手，因为它和当地农民的传统产业转型升级、传统文化重现生机是完全联系在一起的。

因为书中有对隐墅的详细介绍，在这儿我就不加赘述了。马勇伟先生说："乡村振兴的灵魂是乡土文化，乡村振兴的根本是产业振兴。"我很认同这样的话。你看前些年，有的地方做乡村振兴，只是注重硬件改造，但是在经济发展的同时，文化却跟不上，成了乡村的短板，结果出现了很多问题。

而实际上，中国传统文化的源头几乎都来自乡村，乡土文化也是国人的精神文化，要乡村振兴，乡土文化就一定要拾起的。

马勇伟先生的隐墅及其隐墅模式就很注重这一点，我去过他们的隐墅，发现他们的每一幢隐墅都完美地体现了当地的文化元素，而且这些隐墅也不仅仅是传统的，它们也和现代的时尚元素有着完美的结合。总之，我能感觉到，它是那么的诗意，那么的空灵，在隐墅的那些日子里，我的心都是澄澈的。

隐墅还带动了当地农村的很多产业。因为隐墅模式也会充分挖掘当地的产业，或者是引进一些好的产业，全面盘活乡村经济。隐墅模式中，联结最广的是农业、度假、文化、养老、旅游和特色产业。每一个产业马勇伟都找了最专业的人员来设计和打理，也因此才让隐墅在全国遍地开花，并且在乡村振兴战略的落地中取得了很好的效果。

隐墅模式的效果毋庸讳言，盘云谷文化艺术村、松阳云上平田慢生活村、石门隐墅庄园都是鲜活的案例。因此我才说，隐墅模式在乡村振兴战略中大有可为。

其实，乡村振兴战略要求的是"产业兴旺、生态宜居、乡风文明、治理有效、生活富裕"。而隐墅恰恰就是一个实现乡村振兴的绝佳入口，也是一个重要的抓手。我衷心地期待着隐墅模式能在我国遍地开花，让我们的每一个乡村都成为美丽、富裕、让人向往的地方。

推荐序三　隐墅初探

（蒋学基：中共浙江省委统战部原副部长、浙江中华文化海外传播促进会会长）

与马勇伟先生认识是在我们共同创办浙江中华文化海外传播促进会的时候，"隐墅"这一词语是从勇伟先生口中得知的，勇伟先生是中国隐墅的首创者。我总觉得，古人常有退隐之说，寄情山水，风花雪月，多有诗词歌赋流芳世间。如晋代时辞官隐居的陶渊明，唐代时隐居天台的寒山子，都为历代文人所称道。而现代人的胃口变得越来越大，大多希望江湖和田园兼而有之，是在江湖奋斗之余在山水田园之间陶冶心情、净修静滤，是紧张的江湖生活中的一种"休止"。勇伟先生是温州文创事业的先行者，他近勘远足，考察了当下中国很多乡村，深研现代人的种种需求，首创"隐墅"，使一些行将破败消失的老村落重焕了青春，老乡迸发了才干，老底子谱写了新传奇。

记得是在2016年的8月28日，应勇伟先生之邀，我参加了中国隐墅发展论坛暨隐墅学院的成立典礼，并作了发言，我说，中国古代有两种隐人——隐士和隐学，所谓隐士就是辞官隐居之人，所谓隐学就是遁世的学者，形成中国古代独有的隐文化。而当今的隐墅度假村、隐墅学院都致力于提升隐文化，赋予新内涵，提供隐民宿。

当代"隐文化"可以有六个方面的要素：第一，寄情山水。我们每一个人都有山水情结。东晋时期的永嘉太守谢灵运寄情于山水，就是为了感受大自然的美丽、壮观，陶冶性情，开阔胸襟。第二，寻找乡愁。乡愁是童年的记忆，乡愁是难舍的故土，乡愁是山坡上的一次打闹，乡愁是牛背上的一曲牧歌，乡愁是你生病时母亲端上的那一碗汤羹。当下城市则是消失乡愁、埋葬乡愁的地方，只有回到乡村，乡愁才变得那么清晰。第三，回归田园。我们都感受过陶渊明笔下"采菊东篱下，悠然见南山"那种美好的意境。那种在田园里种一点花，种一点菜，种一点豆角，体验劳动的快乐，丰收的喜悦，在城市生活，这是一种遥远的向往，而隐墅可以帮助实现这种向往。第四，静滤思考。我们的脑子里已经有太多的沉重，太多的杂质。回到久违的乡村山野，给了我们一个安静的环境，和安静过滤的机会。静滤的过程就是放空，只有放空，才能有新的思考，才能产生新的灵感，只有放空，才能容纳新的世界，新的人生。第五，感受安宁。久处喧嚣的城市，你就会向往安宁，向往在安宁中读一本书，向往空谷足音，鸟鸣山峦，向往"竹喧归浣女，莲动下渔舟"。第六，愉悦心性。人生其实充满苦恼，有部电影叫《苦恼人的笑》，连笑都是苦恼的。最近有篇在国际上得奖的小说《北京折叠》，里面有三个空间，底层、中层、高层，其实每个空间的人都是苦恼的，第三空间的人是有爱无钱，第二空间是有爱无情，第一空间的是有情无爱。而隐文化的本质是寻找快乐，那种快乐是人与自然相爱相亲的快乐，是在夏日里山风吹拂、溪水沐浴的快乐，是不为五斗米折腰、挺胸做人的快乐，是在安静的山谷无拘无束、大声呼喊的快乐。

最近，勇伟先生通过微信传来了他的电子书稿《隐墅模式》，我已老眼昏花，看起来很吃力，好在后来用华为手机中的朗读软件听完了整部书稿。惊叹于勇伟先生在繁忙的创业之余，写出了如此详尽探讨中国隐墅的专著，惊叹于勇伟先生的广博知识和对中国民宿的深入了解以及对未来趋势的到位分析。从书中我强烈感受到现代隐墅是中国民宿当前一个鲜明的流派，赋予了中国民宿经久不衰的生命力。我充分相信，广大读者读了《隐墅模式》必会有与我一样的感受和感悟。

YIN SHU MO SHI | 目录

引子　隐墅模式为什么是乡村振兴的超级IP？/ 001

01 隐墅文化复兴，创造美好生活

天人合一，回归自然的隐文化 / 008
宋朝，一个独特的隐朝代 / 010
宋元明时代的隐墅 / 013
你为什么不再买别墅？/ 015
从民宿到隐墅 / 017
隐墅十六观 / 020
中国隐墅创造美好生活 / 027

02 什么是隐墅模式？

什么是隐墅？/ 034
隐素VS乡村产业链构建 / 037
隐设计VS乡村社区营造 / 039

隐墅助力未来民宿将进入主题鲜明时代 / 145

隐墅模式的"隐妙"之感 / 148

隐墅的良性发展可以为中国乡村找到一个更好的未来 / 151

隐墅与数字艺术下的动漫 / 153

乡村振兴与民宿突围 / 158

隐墅模式与生活美学 / 163

"隐"是旅行的意义 / 166

隐墅是人们美好生活的向往 / 168

从隐墅到归宿 / 170

与土地友好的设计才是好设计 / 172

隐去设计 / 178

山水间的隐艺栖居——古堰画乡 / 181

隐墅模式与台湾地区乡村发展异曲同工 / 185

隐墅模式是乡村振兴的好IP / 188

附录 I 乡村振兴经典案例赏析

袁家村：解决三农问题的创新者 / 190

莫干山洋家乐的田园城市化之路 / 197

丽水山居公共品牌的建设 / 201

丽水山耕区域公用品牌的创意之路 / 210

云和云居六头民宿的畅想 / 217

小烧饼的致富经——缙云烧饼连锁品牌之路 / 224

石门隐墅东方生活美学庄园概念方案 / 233

青田咖啡区域公用品牌概念方案 / 242

附录Ⅱ 隐墅模式之媒体聚焦

大罗山"别墅"的别样玩法 / 258

闲置民居竟变热门去处 / 261

57幢"盘云谷"农房变身"隐墅" / 262

57幢民宿，57个主人，盘云谷的"隐墅模式"
 悄然兴起 / 264

云上平田：低调却颜值爆表的山间民宿 / 266

供给侧结构性改革带动乡村产业大变革

供给侧结构性改革是乡村产业变革的主要推手。2015年12月，在北京召开的中央经济工作会议中，党中央明确指出了今后三至五年经济发展与建设的主要任务是去产能、去库存、去杠杆、降成本和补短板，也即供给侧结构性改革。2016年1月，国务院办公厅更是颁布了针对农村产业的纲要性文件《推进农村一二三产业融合发展》。这份文件的下放具有划时代的意义，标志着现阶段农村的一二三产业的融合发展、创新发展将会成为农民增收的一项重要渠道。

长期以来，乡村产业是单一的农林牧渔业经济，农村自我发展能力弱，城乡差距较大，而要破解这些难题，体制机制上的变革就必不可少。

在供给侧结构性改革下，我国各地农村正在大力开发农业多种功能，延长产业链、提升价值链、完善利益链，通过保底分红、股份合作、利润返还等多种形式，让农民合理分享全产业链增值收益。例如实施农产品加工业提升行动，鼓励企业兼并重组，淘汰落后产能，支持主产区农产品就地加工转化增值；深入实施电子商务进农村综合示范，加快推进农村流通现代化；实施休闲农业和乡村旅游精品工程，建设设施完备、功能多样的休闲观光园区、森林人家、康养基地、乡村民宿、特色小镇等。借助于供给侧结构性改革的大时代变革趋势，工业化、信息化、农业现代化开始在我国农村迅速发展起来。

乡村振兴战略呼唤超级IP

2017年10月18日，习近平总书记在十九大报告中提出乡村振兴战略，对实施乡村振兴战略提出了20字方针，即"产业兴旺、生态宜居、乡风文明、治理有效、生活富裕"。分别从乡村的生产发展、生态建设、精神面貌、社会治理、生活状态这五个角度

引子 隐墅模式为什么是乡村振兴的超级IP？

给乡村振兴提出了具体的要求。

之前，中共中央曾对社会主义新农村提出了"生产发展、生活宽裕、乡风文明、村容整洁、管理民主"的总要求。相比较而言，此次乡村振兴战略提出的要求更高。在表述上，除了"乡风文明"没有变化以外，其他都有了更高的要求。"产业兴旺"要求乡村不仅是要发展生产，而且要发展产业；对于生活，则从"宽裕"的层面上升到"富裕"，这是全面建成小康社会、开启现代化征程的必备条件；对于农村面貌，则要做到"生态宜居"，把环境的要求上升到一个新高度；而"治理有效"，则从以前的一维主体"管理"上升到多方参与的"治理"上来，体现了现代社会治理模式的转变。这几个方面的要求，都是我国步入社会主义新时代的必然要求。

2018年1月2日，中共中央国务院发布了中央一号文件，即《中共中央国务院关于实施乡村振兴战略的意见》；2018年3月5日，国务院总理李克强在《政府工作报告》中，再次强调要大力实施乡村振兴战略。

中共中央频繁地提及乡村振兴战略，说明了国家对于乡村振兴的重视。乡村振兴战略的目标也就是要不断提高村民在乡村产业发展中的参与度和受益面，要彻底解决乡村产业和农民的就业问题，确保村民能有长期稳定的增收，能够安居乐业。

乡村振兴战略提到国家工作日程，也从一个侧面说明了中国乡村正迎来了属于它的"烂漫时刻"。现在，国家鼓励优秀人才去往乡村，投资乡村，盘活乡村闲置资源。而在这种情形下，作为已经能够极大程度上盘活乡村闲置房屋，振兴乡村产业，构建一个乡村生态圈的隐墅模式，就正好符合了国家乡村振兴战略的发展要求，成为国家乡村振兴战略的一个活样板、一个超级IP。

YIN SHU
MO SHI

01 隐墅文化复兴，创造美好生活

> 在我国几千年的历史中，我们很容易地就能找到隐墅的影子。隐墅，是古人对于美好生活的一种诗意表达。现在我们提倡隐墅，复兴的也是这样一种文化，让我们能够回归到一种天人合一、回归自然，怡情养性、放飞心灵的生活之中去。

宋朝，一个独特的隐朝代

在中国历史上，宋朝相对比较安稳，它没有汉朝的内乱，也比唐朝更加繁华舒适，比明清更加开放和平，政府对士子的管束较松，文人墨客也能受到充分的尊重。

从画卷《清明上河图》中，我们就可以看出那个时期人们的生活状态和精神面貌，集市上各种商品应有尽有，人们的娱乐方式多种多样。《东京梦华录》中也说："汴京城勾栏瓦肆遍布，最大可容纳千人。"勾栏瓦肆就是戏院，是人们休闲的去处。这些都表明，宋朝人民相对于别的朝代来讲，是比较有幸福感的。

其实，有幸福感不仅体现在城市、集市生活，更体现在宋朝人的"隐"文化和乡村旅游上。

宋朝重农，多任皇帝都曾下诏劝农，鼓励农业生产，例如开荒耕地、兴修水利。宋朝时的农田水利建设被称为是"命系于天"的工程，政府常常颁布诏令，并将其作为考核地方官员的一项重要指标。宋神宗时期，从1070年到1076年，短短六年间，全国就建起了1万多处水利工程，受益农田达到30多万顷。这些基础建设不但大大地增加了粮食产量，而且也改善了原有的乡村风貌。

同时，宋朝时的农业科技也迎来了大发展。在宋朝之前，人们主要使用铁制农具，但是铸铁并不够锋利，加宽加厚都很费人力和畜力。到了宋朝，灌钢法逐渐推行开来，带有钢刃的熟铁农具渐渐替代铸铁农具，这使得人力和畜力都得到了极大的解放。此外，耕作技术也在不断进步。

在这种情况下，宋朝的乡村变得比以往都要繁盛。除了农业产业，乡村还出现了大量的"草市"，包括市、店、埠、墟、集、场、坊、河渡等，据宋神熙宁九年（1076）的统计，当时全国就有各类"草市"达27607处。

宋朝乡村的繁荣带动了乡村旅游的兴起，很多人包括商人、官员和富裕起来的城乡百姓都愿意到乡村旅游观光。有很多文人甚至长期呆在乡村，或是隐居乡村。这从宋朝时出现的大量的田园诗就可以看出端倪。据统计，在宋朝的历史上，有近500位诗人写有赞颂田园的诗或词，数量超过了4000首。其中最为典型的人物有范成大、杨万里、刘克庄、梅尧臣、苏辙等。

宋朝的田园诗作品是远高于前代的。在宋朝以前，公认的田园诗人有陶渊明、王维，但他们留下的诗作也仅有三十首左右，但宋朝的范成大，一人就留下了140首田园诗。

在宋朝乡村旅游者中，还有一些应试的士人，他们并不急着赴试，而是喜欢在沿途的乡村中一路观光。有些条件好的还会带些仆人，这些都形成了一个特殊的乡村旅游群体。据记载，宋真宗景德四年（1007年），各地来京应试者有14562人，这个庞大的群体拉动起来的"乡村游"几乎成了常态，可以想见，他们也带动了乡村旅游的繁盛。

农民也是宋朝时乡村旅游的一分子，苏轼的《和子由蚕市》云："蜀人衣食常苦艰，蜀人游乐不知还。千人耕种万人食，一年辛苦一春闲。"可见随着农业的发展，农村生活的改善，农民在农闲的时候，也有了旅游的兴趣。

乡村旅游的发展也使农民们嗅到了一定的商机。有的乡民

隐墅模式

看到种植花卉能吸引游客,就开始大量种植,北宋人陶谷《清异录》中就记载:"武陵儒生苗彤,事园池以接宾客。有野春亭者,杂植山花,五色错列。"洛阳以牡丹著称,洛阳等地的乡民也组织起牡丹花会等,让人们既能赏花,自己也能卖花。

总的来看,乡村的大发展让宋朝人的"隐"生活过得有滋有味,对比中国历史中的其他朝代,可以认为宋朝是最具幸福感的隐朝代了。宋朝人也很尊重隐生活。《册府元龟》中就记载:"斯固素履之君子,考槃之硕人,视富贵如浮云,入山林而不返者欤!"也就是说,宋朝人并不看重富贵,而只喜欢悠哉游哉的乡村生活。

一些达官贵人也将隐墅修在乡村,供人游览,自己则通过收取"茶汤钱"来获利,徐大焯在《烬余录》就有这样的记载:"朱勔家本虎丘,用事后构屋盘门内,名泳水园。中有双节堂、御容殿、御赐阁、迷香楼、九曲桥、十八曲水、八宝亭。又毁间门内北仓为养植园,栽种盆花,每一花事必供设数千本。游人给司阍钱二十文,任入游观,妇稚不费分文。"朱勔的隐墅,富丽堂皇,既有亭台楼阁和花卉,甚至还有游泳池。

宋元明时代的隐墅

从历史上来看，我国的隐墅差不多和我国文化的历史一样久远。中国最早的隐士是许由，许由生活在三皇五帝时期，传说尧把许由看成是最好的接班人，然而许由却并不想做这个部落领袖，而是逃进山里做了一个隐士。

宋朝以后，因为中国的皇帝特别尊重隐士，我国社会也逐渐形成了一种"隐居"的风气，当然，隐墅也大行其道起来。

宋代士子大多无意举业。对他们而言，举业既辛苦又委屈，远不如在山林中逍遥自在。于是他们一试不中旋即拂袖而去，或是即使中第也不出仕，而让自己在乡村中讲学传书，或是游山玩水，其乐融哉！

大多数隐士弃仕后，对于居所的要求并不高，但酒、山、水、竹、梅、菊、诗、文却是标配，也就是一定要有一个怡养性情的居住之地。例如隐士傅公谋曾作词："草草三间屋，爱竹旋添栽。碧纱窗户，眼前都是翠云堆。一月山翁高卧，踏雪水村清冷，木落远山开。唯有平安竹，留得伴寒梅。唤家童，开门看，有谁来。客来一笑，清话煮茗更传杯。有酒只愁无客，有客又愁无酒，酒熟且徘徊。明日人间事，天自有安排。"

宋代隐士最著者当是林逋，晚年时他自造墓于隐墅（茅庐）之侧，题诗曰："湖上青山对结庐，坟前修竹亦萧疏。"林逋隐

隐墅模式

居孤山一隅，但却"孤山不孤"，他终身未娶，却自诩得"梅妻鹤子"，乐不知返。去世后，就连宋仁宗也赠其谥号"和靖先生"。

除士子外，达官显贵也尊崇隐墅。只不过他们的隐墅要豪华得多。南宋曹彦约曾于都昌县城郊建一隐墅，"高坡有松数万，其高才六七尺。旁有梅桃李数百本，名曰东蹊。其南见澜左蠡宫亭三湖楼之下，有海棠二十本，俯而见其花度海棠，有小坡止植栀子，后虽长茂不蔽。"整个隐墅就是一个桃花源式的小天地。

元朝时，以赵孟頫为代表的士子推崇复古风尚，提倡魏晋风度，也多选择在乡村中隐居，在隐墅中情寄书画，教书育人。这些人的隐墅传承宋代标准，以能得山水相伴，诗酒自娱为主。例如清人方薰评元末隐士吴镇："画石室竹，饮梅花泉，一切富贵达利屏而去之，与山水鱼鸟相狎，宜其书，若画无一点烟火气。"

达官显贵则也是一番豪奢之气，名臣许有壬的圭塘别墅："塘可五亩强，余地通二十亩而广取道。将至别墅夹道植柳，名曰柳巷。巷罄折而至门，门扁曰圭塘。入有湖石假山，假山之后有菊塘。古有盟誓者为埴艺菊，而坛盟晚节也。埴之北有堂三间，东西舍各一。"一派奢华之象，但中国传统文化的思想却尽显其中。

进入明朝以来，由于朱元璋深恶隐居不仕的现象。故终明一朝，山野隐士较少，那种隐于街巷、朝堂的隐士渐多，但偶有的隐墅同样体现着山野和传统文化之趣。那种能使自己放归自然的住所便是他们最为看重的，黄汝亨就曾写道："泉声咽石，月色当户；修竹千竿，芭蕉一片。"

山林自隐墅，隐墅自山林，无论茅庐还是别墅，都拥有浓浓的自然之气。这种传承下来的隐墅文化，也是今天我们打造隐墅最为看重和着力要去渲染的地方。

你为什么不再买别墅？

从我国的房屋配给制进入市场化以来，国人的住房模式经历了三个版本的迭代。

1.0版本的居所是商品房。我国的商品房兴起于20世纪80年代，指的是在市场经济条件下，由有着经营资质的房地产开发商取得土地使用权后建起的房屋，按市场价进行销售。现在都市里的每一个人，都曾经或者先辈曾经是农民，他们生活的时代就是拥有一套1.0版本的商品房。

商品房的发展也经历了一些过程。最早的商品房倾向于考虑住户在生活上的一些需求，因此赢得了很多都市人的青睐。例如在北京，最早的商品房是方庄小区，交通绿化配套设施都不错，而且出现了物管。但是，这种商品房虽然面积大了，配套设施也有，户型的设计却相对粗糙，随着人们居住需求的升级，这种商品房便逐渐退出了市场。

后来，开发商对商品房进行了一些改造，例如在商品房的规划上强调以人为本，同时在设计上不断满足不同人群的需要，户型变化也越来越丰富，配套设施也越来越完善，并且增加了一些隐墅的园林影子。这就成了现在我们普遍能看到的商品房形式。

但是商品房毕竟是商品房，它还有着居住需求无法被满足的

隐墅模式

部分。狭小的空间，越建越高的楼，居住环境与自然环境总有分离，听不见鸟儿的叫声，极其有限的绿化，还有日趋高涨的房价，这些都是现代人的生活需求中，商品房所无法满足的。

受此影响，又诞生了2.0版本的别墅。别墅是一种园林式的住宅，多建在城郊或风景区，与普通的商品房相比，它除了有相同的基本功能之外，还融入了更多的自然元素和文化元素，代表着都市人在居住上"回归自然，突出文化"的一个进步。

但是不可否认的是，别墅也是一个"高价"的代名词。都市城郊的别墅区一般代表着富人的居所，非一般的城市居民所能拥有的。即便它代表了一些"回归自然，突出文化"的元素，但也不是普通人群所能消费得起的，只是满足了少数富人的需求。

而且更为重要的是，别墅的"回归自然"并不是真正意义上的乡村居所，它只是位于城郊和风景区，与城市的互动也较少，其突出的文化元素也没有真正与自然、社会接轨，而只是单纯地"借文化"，而不是"融文化"。

因此，对于中国人来说，更高的生活追求应该是3.0版本的乡村隐墅。乡村隐墅主要集中在乡村，选址多在自然环境良好的地方，依山傍水，或小溪潺潺，或鸟鸣喳喳，绿树成荫，如果放在古代，正是那些隐士们最为看重的居住之所。隐墅及其周遭空气清新，远离雾霾。阡陌交通，鸡犬相闻，可谓是一种世外桃源般的宁静生活。

可见，只有乡村隐墅，才是真正地回归自然，融汇文化。代表的是一种归隐田园，诗意栖居，低碳、环保、生态的生活方式。而且，隐墅是一个实惠的代名词，并非大富大贵之人可居，从某种意义上来说，它算得上是中产阶层最佳的品质生活之选。这也就是说，你可以不买别墅，但不能不关注隐墅。

从民宿到隐墅

"民宿"是现代人耳熟能详的一个词。所谓民宿,就是人们利用自己家里闲置的房屋,结合地方的特色文化,改造成一种能给旅客提供乡野生活的住宿处所。

民宿最早可能出现于日本。我国的民宿产业大约兴起于2012年前后。彼时,中国人的旅游方式渐从商务旅行转化为个人旅行,游客对于住宿的需求也渐渐变得个性化起来。受此影响,客栈民宿等极具个性特色的住宿方式渐成潮流。

民宿普遍融住、游、乐为一体。现代社会,80、90后渐成主力军,而这些人又有着与老一代人完全不同的对于"健康"和"幸福"的理解。总的来说,80、90后的消费更加理性,追求的也是更有内涵,更有品质的服务。他们平时承受着较大的工作压力,而轻松休闲的民宿正好符合了他们追求自我,得以从日常压力中解放出来的需求。

随着民宿的兴起,传统的休闲度假方式就发生了改变。从某种意义上来说,民宿是一种旧乡愁和新乡土结合的产物,可以称得上是一种有温度的归宿,有灵魂的生活。近些年来,民宿的关注度也在持续上升。人们出行,也有相当一部分将民宿作为了首选。

在民宿日渐盛行的时候,隐墅也开始悄然兴起。隐墅源于民

隐墅模式

宿,却高于民宿。民宿说到底,是一种人们的经营场所,只不过打造了一些乡野概念。但隐墅就不同了,它的着力点不只是简单的吃喝玩乐,而是针对城市人打造的一种田园生活的栖居之地。当都市人厌倦了生活的烦杂和喧嚣以后,可以来到隐墅,回到青山绿水之间,和着黄泥青瓦,伴着琴棋书画,自如地揉入自己的情怀,用手垒砌一个能把自己的心放上一段时间的"家"。隐墅的这种乡野情怀,是民宿所不具备的。它除了强调让人们回归生活本源以外,更强调一种诗意的隐居生活,不受尘世所扰,自由地做自己想做的一切,让自己活得简单恬适。

如果说民宿让人们传统的休闲度假方式发生了改变,那隐墅就是对人们休闲度假方式的一种升华,它将那一栋栋乡村中原来闲置的房屋,蜕变成了一栋栋有生命、有气息的隐居处所,这是一种赤裸裸的回归自然的方式,这也是天人合一的最好诠释。

蜜苑·隐墅

现在在浙江杭州、温州、湖州、丽水等地都已出现了成功的隐墅。大多数隐墅所在的山村,都是山水相依、古树昂然之处,置身其中本身就犹如进入"天然氧吧",完全不受雾霾的影响。

隐墅里配置有休闲观景的桌椅露台、菜地，到处可见原汁原味的乡野景致。房屋的布局也不是那种高不可攀、盛气凌人的景致，而是亲民的、温暖的，好似能把人的记忆留住的景致。可以说，隐墅中的一草一木，一砖一瓦都自有其意蕴，有其内涵，让人流连忘返。

隐墅模式

隐墅十六观

　　隐墅十六观取自《观无量寿经》中的"十六观之门"，就是隐士生活中的十六个观照：访庄、酿桃、浇书、醒石、喷墨、味象、漱句、杖菊、浣砚、寒沽、问月、谱泉、囊幽、孤往、缥香、品梵。

　　每一观是一幅特殊意象，与一位古时隐逸高士人物对应，如惠施、刘辰翁、班孟、苏东坡、陶渊明……是他生活与心境的写照。

　　隐墅十六观，以《访庄》为始，以《品梵》为终，由道入佛。十六观绘出的精神图景，写实中注入想象；今人延续古人的向往，想象中观照现实。

1. 访庄

　　古之圣贤隐士的代表是庄子，道家逍遥通达的生命观，不与世俗同流合污的态度，远离物欲贪念的精神，"访庄"即是叩动这个隐逸世界的门环。

　　战国时期宋国的惠施，在政治失意时去访庄子，结成至友。大隐隐于市，今天的人们，依然在寻找庄子。庄子是一个发光的偶像，他的真身可以不存在，这就是说，隐士不一定闭门自处，隐是一个无形无相的精神，具相化的不一定真。街市中，熙熙攘攘，隐士在那里逍遥，在所有可能不可能的地方出现，他的精神独立于世外，不受尘劳羁绊，那么，何处不能归隐？

2. 酿桃

宋人刘辰翁辞官回故里，以桃酿酒，有一首《金缕曲》在世间流传，诗中云："少年未解留人意。恍出山、红尘吹断，落花流水。天上玉堂人间改，漫欸乃声千里。更说似、玄都君子。闻道酿桃堪为酒，待酿桃、千石成千醉。春有尽，瓮无底。"

隐士乐山水与酒，春来满山桃花，花尽结桃果，夏天正可酿桃酒，从秋喝到冬，待到来年春天，又是一个新的周期。隐士酿桃，复归自然。"春有尽，瓮无底"，仿佛诗人又不受自然所限，其实此瓮非酒瓮，而是喻意旷达的心胸，古人喜欢称为"心庐"，竹篱房舍有限，心庐则包容乾坤。

古人喜欢说极目远眺，往往山穷水尽处，正是坐看云起时。云不起，炊烟起，到了饭酒时候，也是一样。

3. 浇书

昔日，苏东坡好茶酒，有句"薄薄酒，胜茶汤；丑丑妇，胜空房"，他认为，饮茶饮酒须分时候，茶是午时茶，酒是卯时酒。晨饮卯时酒，依唐代白居易的说法则是"神速功力倍"。在东方即白，清晨五六点之时，畅快饮酒，顺便浇灌腹中诗书，此举谓之"浇书"。

南宋魏庆之撰《诗人玉屑》，曰"东坡谓晨饮为浇书，李黄门谓午睡为摊饭"，并引了陆放翁诗："浇书满挹浮蛆瓮，摊饭横眠梦蝶床。莫笑山翁见机晚，也胜朝市一生忙。"

4. 醒石

东晋陶渊明，别号五柳先生，晚年更名潜，辞官归田。有诗云："少无适俗韵，性本爱丘山。"五柳先生赏石，每每于醒醉之间，倚石为榻。时醉卧，时醒观。明代林有麟撰《素园石谱》记载："陶渊明所居东里有大石。陶渊明常醉眠其上，名之曰醒石。"

醉时卧石，清凉惬意；醒时观石，诗思神涌。人生似梦，醉有醉的智慧，醒有醒的洒脱。《红楼梦》里，湘云亦曾"醒石"，醉卧山石僻处青板石凳，枕披芍药花而眠，口内犹作睡语："泉香而酒冽，玉盏盛来琥珀光，直饮到梅稍月上……"酒醒后，慢启秋波。此一出，湘云有渊明之风流。

往昔若烟云，醒石当空，佳人裙若绿波，山水遥遥，曹雪芹设计了黛玉门前的鹦鹉，是为着"玉带林中挂"之后，让它背诗喻事，鹦鹉、黛玉、湘云、醒石，五柳的知音们，隔空重逢，它便将昨日诗句说来。

5. 喷墨

唐人段成式在给温庭筠的一封书信中，说起"班孟成文，喷墨竟纸"的典故。源自东晋葛洪撰志怪小说《神仙传》，女仙班孟是道家隐士，擅飞行术，又擅隐身术，还能口中含墨，舒展纸张，嚼墨之后喷向纸面，即文字满纸。书载班孟服酒食丹，寿至四百，后来入大冶山中成仙去了。

班孟女仙，人间不可得，所谓真至人，惟有向山水中寻，张潮说案头山水是文章，地面文章是山水，便给了她的踪迹。

6. 味象

南朝画论家宗炳在《画山水序》中说："圣人含道映物，贤者澄怀味象。""澄怀"，荡涤胸中俗念，内心净澈，纯然无杂欲；"味象"，体味观照眼中的象。陈洪绶的画中，赏画之人在青石旁专心赏味，仿佛精神已随着画卷行游其中，而对周遭事务无所感知。他手中的画卷绘了何种景致，外人无从得知，此时的"象"，只有他自己体会。

荷叶田田，只需去用心细赏，空中鸟鸣，只待静心去听，心若澄净，万物有情。否则知识屏障，误入迷途，阻隔千山万水。

万卷诗书,读到义理,便去践行。

7. 漱句

西晋文人孙楚,年少时向往隐居生活,本想对友人王济说:"当枕石漱流",却无意说成"漱石枕流"。王济则问:"流水可枕,石如何漱口呢?"孙楚回答:"枕流是为了洗清耳朵,漱石是为了磨砺牙齿。"以石漱口,得敏捷才思,所言词句,奇警明智。

8. 杖菊

苏东坡有诗云"杖藜晓入千花坞",隐士持杖,纵游山水,于千姿百态的群花坞间沉醉。陶渊明爱菊,"采菊东篱下,悠然见南山。"杖头挂菊,融入画面中。虬杖一根,隐士轻装而行,菊花三两,精神寄托于盛放花姿,跋涉江川,生命傲然之意卓然显见。

今日多白衣,行者不鲜见。山河大地,放眼望去,纵横电缆密布,隐士无处隐,自然与人渐渐疏离。

9. 浣砚

文人在池塘中洗砚,谓之"浣砚",古来此典故主角有三人:晋代卫夫人和王羲之,宋代苏东坡和魏野。卫夫人书法上承钟繇,下传王羲之,宋人陈思在《书小史》中引唐人书评,说她的书法"如插花舞女,低昂美容;又如美女登台、仙娥弄影,红莲映水、碧沼浮霞"。

昔日苏东坡的洗砚池中,传说鱼饱食墨汁化龙而去;卫夫人的洗砚池,不知在何处,盈盈池水,还记不记得当年的妙笔如花,或许池畔花神汲取笔墨精华,真似仙娥弄影,红莲映水。

10. 寒沽

唐代诗人杜荀鹤曾作诗"踏雪归来酒倍香。"古来隐士雪夜沽酒,东晋陶渊明也有此意兴,他一生嗜酒,天旷地阔,吟风咏月,梁太子萧统曾经评说"渊明之诗,篇篇有酒。"

风雪中的山林,迎风而行,一手扶杖,一手持酒壶,荒寒之时,酒暖腑脏。明代徐谓在《自遣》诗中曾写道:"不负青天睡这场,松花落尽尚黄粱。梦中有客刳肠看,笑我肠中只酒香。"

与酒为伴,酒友无需多,可以共取暖,同陶醉,便足矣。

11. 问月

天地之间,人最孤独。李白曾在花间独酌时,叹周遭无人,于是"举杯邀明月,对影成三人。"月光照出他的身影,他发出感悟:"月既不解酒,影徒随我身。暂伴月将影,行乐须及春。"

月和酒,在李白的世界里从不缺席。端起酒杯,他把酒问月,"青天有月来几时?我今停杯一问之。人攀明月不可得,月行却与人相随。"时空无尽,造化无穷,古往今来,人们观的是同一个月亮,而孤高出尘的月亮何其美,古人与今人眼中,它始终是皎然新生,亘古不变。

12. 谱泉

唐代茶圣陆羽品天下可烹茶之水,在他所撰的《茶经》中说:"其水,用山水上,江水中,井水下。其山水,拣乳泉石池漫流者上,其瀑涌湍漱勿食之。"他遍访泉林,寻觅最宜烹茶的山泉水,最上乘的水来自乳泉石池,缓缓漫流为佳,而瀑涌的泉水,或因季节缘故,如忽然降雨而至,水质并不纯正。

文人将"谱泉"视作雅事,依陆羽而言"山顶泉清而轻,山下泉清而重,石中泉清而甘,砂中泉清而洌,土中泉清而厚……"寻一道好水,烹一道好茶,须得时间与心力,汲泉煮茗,是高士生活里不能忽略的一部分。陈洪绶画中的陆羽,坐在青石上,以风炉煮泉水,慢慢品之。

谱泉之趣,今人可效仿,良山无多,须择善而栖。

13. 囊幽

清代车万育撰《声律启蒙》中有句:"书箧琴囊乃士流活计,药炉茶鼎实闲客生涯。"琴是隐者高士随身之物,音声悠远空泛,昔日子期死,伯牙摔断琴,弹者若逢知音,则琴声延续,若无知音,则不如白居易所言:"自弄还自罢,亦不要人听。"琴有琴囊,通常锦地绣花,琴藏在囊袋中,不轻易取出。

"囊幽"是一种自珍自惜,明末画家陈洪绶画中主角是白居易,书箧在侧,琴囊在手。传说中仙人弄琴,凤栖梧桐,是很久之前的事。现在将琴音拟作仙方,与药炉茶鼎同效,调丝弦,称草药,一些不急不缓的病,都可治了。

14. 孤往

隐者高士都愿意"独与天地精神往来",梁代萧统编《文选》,引用了《淮南王·庄子略要》中一段话:"江海之士,山谷之人,轻天下细万物而独往者也。"司马彪曰:"独往,任自然,不复顾世。"

陶渊明在《归去来兮辞》中说"请息交以绝游,世与我而相遗……怀良辰以孤往,或植杖而耘耔。"

古时隐士有田园之乐,今时也可以有。不过我们这些智人,以后要回避的恐怕不是纷乱人事,而是被机器占据的世界,牵着马,驮着经卷酒葫芦,孤往去别的星球,或许是未来的发生。

15. 缥香

缥香,又称缥缃、缥帙,古人书卷代称。缥缃通常是淡青淡黄色的丝织品,用来裱装书衣。此画主角是晚唐诗人鱼玄机,她在春天的山林中,竹石作伴,静静地手托一本书,然而并没有在阅读,而是若有所思。

鱼玄机归隐山林的景象,是陈洪绶的假想。她若是一名男子,则大有作为,不过造化使然,女子才情,终归是历史中的一脉冷香。年少时的她，曾经登崇真观南楼，目睹新进士题名，无奈赋诗云："云峰满目放春情，历历银钩指下生。自恨罗衣掩诗句，举头空羡榜中名。"

十六观隐士中，她是最不甘心隐藏自己的，一世风华曾在红尘里耀目生辉，她终究不舍。

16. 品梵

"品梵"，意为品经诵偈，与印度佛教有关的梵语、梵境、梵学，均是佛教修行者研习的对象。僧人也是隐，白衣也是隐，红尘之外寻一处清修地，素食寡欲，内观自性，求般若真知，再利益他人。

古来诸多文人也有僧人，陈洪绶在明末时，避难于绍兴云门寺剃度出家，后还俗，晚年时礼佛参禅，他精神中理想的隐逸世界，有一部分便如画中这样，并非独坐青灯古佛之下，而是有知己共同研读经典。心境恬淡，处处遇禅机，安时处顺，不必真在庙堂之中。

中国隐墅创造美好生活

隐墅给我们带来的生活革新是多方面的。对于乡村农民、都市人群以及隐墅公司自身都是共赢的态势。

乡村是什么？乡村其实是乡村人类的一种居住形式，表现为乡村聚落。和城市不同的是，乡村一般风景怡人，空气清新、民风淳朴，适宜人类居住。长久以来，除了产业落后于都市外，乡村有着比都市更适合生活的天然特性。

但是，人是以经济为导向的，当乡村中没有支柱产业，商业不发达，人们的收入受限时，人们就会自然地往都市迁移。但是不管怎样，乡村始终都是都市的根，现在的都市人往上溯源几代，都是曾经的农民，都市人的骨子里流淌着乡村自然、生态的血液。

隐墅的模式是为乡村振兴战略服务的。把乡村建好、建美，是这个时代根本的需求，也是关乎所有人的一种生活美学。

例如我们改造的大罗山盘云谷隐墅文化创意村，这些隐墅的建设都是以古民居原有的建筑为基础，在改造时采用的都是原来老房子的木板、木材、石块和古砖，没有对乡村的环境造成任何的破坏，最大程度上保留了建筑的原有风格，达到了变废为宝的效果。建成后的隐墅形成了一种人与自然、建筑与乡村自然和谐的画面。

隐墅模式

在建好的隐墅中，隐墅的经济形态也与当地的产业形成了有机的结合。例如"盘云谷隐墅文化创意村"，就很好地保存了传统乡村中"山水、村落、农田"的生态格局，不仅改造了老旧民居，也将其与所在乡村的农业生产、产品销售、奇石文化等要素融合在一起，使得原本破败的古村落获得了新生。现在大罗山盘云谷的村民，自己种植的瓜果蔬菜都能在隐墅中进行利用和销售，不需要像以前一样运出大罗山。隐墅，实际上反过来促进了乡村集体经济的良好循环。

云深处·隐墅

大罗山盘云谷的隐墅也科学地吸收了大罗山传统的文化元素。大罗山历史文化深厚，本身被誉为"天下第二十六福地"，隐墅的开发就十分注重遵从这种历史文化的传承。盘云谷文化艺术村甚至专门建设了"书苑"和"乐陶社"，将其变成了一个讲学、举办艺术展览的场所，有着鲜明的文化格调，现在已经成了各界人士汇聚于此交流文化，宣传弘扬传统的重要场所。

隐墅对于都市人的生活意义也是非凡的。从喧嚣、繁忙的都市中来到隐墅，游客的心、精气神儿都可以慢下来，可以好好地享受一下难得的隐时光。隐墅就是繁忙生活中的一个能量补给点，静滤掉大家疲惫慵懒的心，然后以一种精神饱满的状态重新投入工作。

如果，隐墅已经在全国各地推广开来，乡村就不会再是落后、土、不文明的代名词，而是一种放飞心灵、精神安放的最佳道场。

附　隐墅相关古诗

同诸隐者夜登四明山

唐·施肩吾

半夜寻幽上四明，手攀松桂触云行。
相呼已到无人境，何处玉箫吹一声。

鹧鸪天·林断山明竹隐墙

宋·苏轼

林断山明竹隐墙。乱蝉衰草小池塘。
翻空白鸟时时见，照水红蕖细细香。
村舍外，古城旁。杖藜徐步转斜阳。
殷勤昨夜三更雨，又得浮生一日凉。

六月二十七日望湖楼醉书

宋·苏轼

黑云翻墨未遮山，白雨跳珠乱入船。
卷地风来忽吹散，望湖楼下水如天。

放生鱼鳖逐人来，无主荷花到处开。

隐墅模式

水枕能令山俯仰，风船解与月裴回。

乌菱白芡不论钱，乱系青菰裹绿盘。
忽忆尝新会灵观，滞留江海得加餐。

献花游女木兰桡，细雨斜风湿翠翘。
无限芳洲生杜若，吴儿不识楚辞招。

未成小隐聊中隐，可得长闲胜暂闲。
我本无家更安往，故乡无此好湖山。

题著作魏仲先隐墅
宋·宋祁

隐路高高入翠微，人亡宅在有馀悲。
自圆溪月知吟处，不散岩云忆卧时。
素壁尘昏三纪貌，白杨风老几寻枝。
草堂故集篇篇好，要与商翁续紫芝。

留别徐季纯
宋·赵蕃

隐墅夙未到，扁舟空屡经。
滩长石壁寺，洲绕縠波亭。
厚禄头空白，新知眼倍青。
虽云遽离阔，也足慰飘零。

书后湖集

宋·赵蕃

我怀苏养直,不作汉三公。
隐墅人安在,春溪草自丰。
遗文尚亡恙,斯道未应穷。
会与吾尊友,青灯话此翁。

题梵隐院方丈梅

宋·晏敦复

亚槛倾檐一古梅,几番有意唤春回。
吹香自许仙人下,照影还容高士来。
月射寒光侵涧户,风摇翠色锁阶苔。
游蜂野蝶休相顾,本性由来不染埃。

浣溪沙·淡荡春光寒食天

宋·李清照

淡荡春光寒食天,玉炉沉水袅残烟。梦回山枕隐花钿。
海燕未来人斗草,江梅已过柳生绵。黄昏疏雨湿秋千。

小隐自题

宋·林逋

竹树绕吾庐,清深趣有余。
鹤闲临水久,蜂懒采花疏。
酒病妨开卷,春阴入荷锄。
尝怜古图画,多半写樵渔。

访隐者

宋·郭祥正

一径沿崖踏苍壁,半坞寒云抱泉石。
山翁酒熟不出门,残花满地无人迹。

江神子·十日荷塘小隐赏桂呈朔翁

宋·吴文英

西风来晚桂开迟。月宫移。到东篱。簌簌惊尘,吹下半冰规。拟唤阿娇来小隐,金屋底,乱香飞。

重阳还是隔年期。蝶相思。客情知。吴水吴烟,愁里更多诗。一夜看承应未别,秋好处,雁来时。

柬倪季敏南墅隐居

明·虞堪

季也端脩士,高闲独闭门。
桑麻深雨露,鸡犬自朝暾。
设以南州榻,陶然北海樽。
何时觅渔者,相逐到桃源。

寻胡隐君

明·高启

渡水复渡水,看花还看花。
春风江上路,不觉到君家。

YIN SHU
MO SHI

02
什么是隐墅模式?

在隐墅模式中,有着许多创新的元素,有着许多关键的定位,而这些元素、定位又反过来丰富着隐墅的内涵,增加着隐墅的外延,使其能够全方位地贴近消费者,贴近乡村和乡村的发展。

什么是隐墅?

隐墅,通俗地讲,就是我们打造的一种适合在乡村隐居的场所,也可以理解为是适合隐居的别墅。它隐于乡村,感受纯粹的天地之气,融合着最优秀的传统文化,再加上各种娱乐休闲配套设施,是一种完全不同于城市休闲,又具有最好的生活旅游、意识升华的风格处所。

如果说城市里的住宅是都市人的第一居所,那我们就把隐墅定义为都市人乡村生活的第二居所。想住的时候,它就是都市人田园栖居的居所,不想住的时候它也可以摇身变为乡村民宿。隐墅来源于民宿,但反过来它又不仅仅是民宿,它和民宿有着许多功能上的区别。

隐墅是给所有人创造的,但又天然具有符合人们真正生活的味道。

02 什么是隐墅模式？

2013年时，我们在温州市瓯海区大罗山盘垟村开始了第一幢乡村隐墅的改造。当时我们并没有有意识地将其打造成隐墅，我们一开始的意思只是希望在大山里找到一个不错的栖息地，可以夏季纳凉，冬季晒暖。

大罗山是传说中的玄门神山，本就风景绝美。盘垟村海拔630米，位于大罗山中部山谷盆地，由蟠台阁、里垟两个自然村组成，当时我们走进盘垟村时，发现这里房子破败，与周围的美景可以说是格格不入，大家心里都有这种想法：这么好的自然位置，这么得天独厚的自然、气候条件，为什么不能好好利用呢？

在这种想法的带动下，我们很快就行动了起来，对其中的一间民居进行了有目的地改造。改造之初，我们就有一种共识，要将其改造成适合都市人的乡村居住之所，这也算是"隐墅"理念的源起。也因此，我们在设计时整体风格都以石墙、原木、藤编为主，不带有一丝城市里钢筋水泥的味道。这是一种未经修饰的居住空间，建成后我们将其取名为"水和居"，意谓"与水相和相谐的居住地"之意。

水和居

水和居改造图·隐墅

水和居建成后，我们很直观地感觉到了它的通透，阳光下的这幢建筑就好像是一个方形的气泡，它有了生气，有了韵味，这

隐墅模式

可是以前这幢老屋完全没有的气质。水和居的一楼是门面，二楼是阳台，都采用了巨大的落地玻璃，给人一种心无隔阂的感觉。

总的来说，水和居是简约的，但又足够吸引人。后来我们下了些工夫，越来越多的人开始知道水和居。一些到大罗山旅游的人们也会发出惊叹："这里有一幢很美丽的石头房子"。

水和居的成功让我们觉得这种模式是值得推广的，于是我们又着手对盘垟村的其他民居进行了改造。

从一开始我们就知道，我们做的这些老屋改造，完成后的建筑不再是单单的民宿，我们想做的是让其在具备居住功能的同时，由外而内地导入中国传统的文化，导入以儒释道为基础的"隐"文化，体现"天人合一回归自然"的传统思想。于是，我们以此为契机提出了"隐墅"的概念，隐墅由此而生。

水和居·隐墅

现在，隐墅已经成了很多都市人向往的地方，它也逐渐从盘垟村走向了全国各地。如果诗意一点，隐墅也可以说是一种有生命、会呼吸的休闲之所，因为由它衍生出来的是最淳朴的生活方式。

02 什么是隐墅模式?

隐素VS乡村产业链构建

在隐墅的基础上,我们在其发展过程中又提出了隐素的概念。

对于隐素,我们定义的是乡村产业链的一种新型构造模式。我们都知道,随着中国城市化进程的加快,除了旅游度假产业还在蓬勃发展之外,其他的一些相关产业例如农业、养殖及其他特色产业却正处在一种逐渐没落的态势。

我国也一直在强调乡村产业链构建,但由于农业收入过低,导致农民对农业丧失信心、信息流通在农村出现了梗阻、人才和技术匮乏、农民承受风险的能力较弱、农民的投资能力较弱等系列众所周知的原因,使得乡村的产业结构调整一直难以自主进行深度改造。有的乡村虽然已经进行了一些产业链改造,也取得了一些成绩,但也存在着诸多问题,例如产业链结构不能及时根据市场需求的变化进行微调、产业链结构的调整只涉及了种植层面,很少涉及其他产业如加工业等。

要扫除这些产业链构建的障碍,使农村走向美丽乡村,就需要把农业产业链构建与农业产业化联系起来,把乡村产业链构建从以前的政府调控行为转化为商业行为,外界的企业本身具有对市场敏感度高,对信息把握迅速等特点,这样就可以把乡村产业链构建从原有的困境中解脱出来,达到"以外带内"的效果。

而这正是隐素所追求的目标理念。

以丽水市的"丽水山耕"为例。"丽水山耕"，是我国首个地级市农产品区域公用品牌，提出于2014年。浙江丽水市，农产品一直很丰富，例如遂昌菊米、青田田鱼、缙云麻鸭、松阳茶叶等，但在形成"丽水山耕"品牌之前，这些产品总体规模都不大，竞争力也很有限。

为解决这个问题，丽水决定打造一个全域化、全品类、全产业链的公用品牌，这就是"丽水山耕"。"山"是丽水的自然特征，"耕"是这些特色农产品传统的生产方式。

几年来，丽水通过完善品牌标准、建立"商商融合"营销体系、打造供应链金融、推动农产品向旅游地商品转化等方式，将这些原来很普通的商品，送进了都市人生活的"大雅之堂"。

我们建造隐墅的目的即是如此。我们并不是单纯地对老旧房屋进行改建，还包含有根据隐墅所在地的乡村资源，积极结合相关产业，充分挖掘当地产业，或是引进一些别的产业，盘活隐墅乡村的产业模式，形成一个全方位的隐墅矩阵。

在隐素中，联结最广的将是农业、度假、文化、养老、旅游、餐饮、鞋服和特色产业。每一个产业形态我们都会以最专业的人员来改造设计和打理。以农业产业为例，种植都在最原生态又最科学的方式下进行。我们所选用的食材都是原生态自种，没有任何污染，属于纯天然的有机食材。以此带给都市人群一种天然、生态、回归自然的原始感觉。

总的来说，隐素可以是隐墅的一种伴手礼、生活用品以及衍生的相关产业链，它体现的是隐墅作为一种新兴业态与相关产业的高度融合。这其中，尤以农业产业为主。

隐设计VS乡村社区营造

隐设计是一种全新的设计理念。一直以来，我们在进行设计时，都过于强调"设计"这两个字的意图。但我们认为，最好的设计其实并不在于"设计"，而是遵循自然规律，在设计中做到天人合一，也就是说不如隐去设计。

这一点很好理解，在我们常看的武侠小说中，就有"无剑胜有剑""重剑无锋"等概念，在佛家的人生境界中，也有"小我""大我""无我"的进阶层次。在这里面，高阶的层次通常都会隐去相关的主体，但所体现的能量又是巨大且惊人的，隐设计亦然。

我们在隐设计时，事事遵循事物的自然规律，总体上不会去刻意显现一些人为的东西，也不会故意地去造作和摆设，这样设计完成了的隐墅建筑，总体上就会给人一种充满温馨气氛的空间围合，温情、放松又自然而然。

隐设计就正如一位日本建筑设计师所言，设计理念最好的方式是"让建筑消失"，尝试用无秩序的建筑来消除建筑的存在感，简化设计本身但又做到了最深入人心的建筑。

隐墅模式

台湾薰衣草庄园

隐设计于乡村改造,有一个很好的例子,就是台湾的薰衣草庄园。台湾薰衣草庄园,由两个女孩在台中的深山里设计建造而成,到过这里的人都对其有很深的印象。庄园里并非是简单的薰衣草种植,而是由主人买来种苗,种进事先规划好的一畦畦田野里,山头设置"许愿树"。薰衣草花开的时候,一大片的紫色花海环绕着"许愿树",非常美丽。同时,主人还将这些山谷地划成了不同的区域,例如香草市集、紫丘咖啡馆、幸福信箱等,巧夺天工又十分协调,园区的指示路标全部手写,自有一种亲民的、温暖的精致。

从特点上看,隐设计会让乡村的设计变得更柔软、更生态和更轻盈。更柔软指的是建筑变得生活化,也许在隐设计中,设计本身不是受人注目的点,但建筑会自然而然地散发出一种平静的力量,舒缓心境的同时,它亦传达着一种生活美学。所以隐设计的重点不是设计,而是生活本身;更生态是指让设计变得更文化,在设计的过程中我们着重于更自然地融入文化,这些文化元素不是故意镶嵌进去的,而是无论从哪一方面看,它都是建筑乡村的一部分,有着浑然天成的融合感;而更轻盈,则是说我们

02 什么是隐墅模式？

的设计没有那些奢华的部分，我们讲究的全是采用温暖舒适的材质，以人的生活体验为上，而非奢华却违和的炫耀。

裸心谷的设计师吕晓辉和美栽堂的创意总监吴极中对此深有体会。

吕晓辉信仰自然，认为凡是建筑的设计都要跟自然契合。他改造农居，一直遵循着"保护、延续传统自然村落文化"的理念。2007年，吕晓辉开始在莫干山镇进行裸心谷设计项目。在为裸心谷设计"裸叶"水疗中心时，吕晓辉经常思考要怎么样让这个设计既和水有关，又好像镶嵌在自然里。后来他想到了落叶，飘落在地上，自然地重叠在一起，而落叶下又有另一个昆虫生活的世界，就好像那些不经意被人发现的天堂般的美景一样。因此，建成后的"裸叶"水疗中心，整体上就像是一片自然飘落，且隐匿在山间的叶子一样，屋顶就好像一片落叶覆盖在自然中，走进去就好像走进了另一个世界。

吴极中的美栽堂是一个有花、有草、有鱼塘，可听风、听雨和沐阳光的美丽空间。进入美栽堂，原生的大型树根延伸到各个主要办公区域，建筑就好像与自然有了完美的和谐，既简朴又传达着生活美学的态度。这里，无处不在的绿意遍布各个角落，这些绿植并不随意，经过吴极中的巧手改造后，都成了不同寻常的艺术品，处处流淌着生活的情趣。

从这里可以看出，隐设计是一种做减法的设计，但又是一种更高级的设计，我们将一切都简化到最简单的境界，造就的却不是粗陋，而是轻心、轻体、轻居的极致体验。

隐墅模式

隐墅学院VS精神道场

我们打造隐墅，是要让隐墅在现代生活中发挥出自己的光彩，"望得见山，看得见水，记得住的乡愁"，是要让美丽乡村变得更美。

为此，我们成立了中国隐墅学院。隐墅学院以传承隐文化、创造现代生活美学为使命，秉承"天人合一、回归自然"的理念，以隐墅十六观为都市人构建精神家园。隐墅学院以咨询策划中心、文旅培训中心、隐素创意设计中心这三大中心为支撑，为乡村资源、文旅产业和创意商业内容进行文创"赋能"，使之成为乡村文化的使者、乡村生态产业链的规划师、中产阶级的生活美学导师。

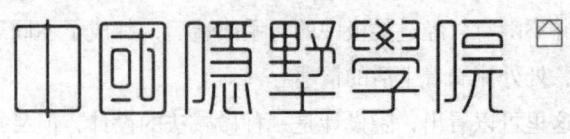

吴冠中说："当代社会很多人穷，穷的不是物质，也不是文化，而是审美。没有恰当的审美，生活就会剥露出最务实最粗俗

02　什么是隐墅模式？

的一面，越来越追求实用化的背后，生活会越来越无趣，越来越枯萎。"

记得在吴冠中先生的《文盲不可怕，美盲才可怕》一文中有这样一段对话：

她在网上晒自己家的一日三餐，
土豆、豆角、茄子，看起来挺诱人。
只是这盛菜的器具，忒寒酸了点，
塑料盆、搪瓷缸、小铝锅、不锈钢碗，
还没吃，已经消灭了一部分食欲。
朋友吐槽她餐具过分混乱和粗糙，"超市几块钱的盘子不至于买不起吧。"
但她说："盘子的目的是装菜，不漏不洒就行了。"
她把女儿穿得破破烂烂，全身都是别人送的旧衣服。
"小孩子不懂美，而且长得快，买新衣服是浪费。"
情人节，老公给她买了束玫瑰，她看都不看就扔到一边：
"当不得吃当不得喝，还不如买点熟食划算。"

文中的这个"她"，是不是也很容易找到我们自己的影子。现在，我们强调生活要有仪式感，就是生活要有一种美学的意味。

过去很长一段时间以来，我们对这种审美的情趣是缺失的。因为经济的发展虽然像是一辆加速列车，给我们的物质生活带来了巨大的变化，但在物质生活丰富的同时，我们的生活状态却远离了那种记忆中的山川、河流、清风，我们对传统文明的继承和发扬也没有被过多的重视。

而现在，传统文化的继承和发扬已被落实到国家的政策层面，文明渐被拾起，而隐墅学院正好又是传承文化，塑造审美的一个很好的途径。清人江顺贻说："始境，情胜也；又境，气胜也；终境，格胜也。"人们生活的终极境界是具有审美的态势，能够格物致知，知而后用。而隐墅学院塑造的精神道场正是格胜的体现。在隐墅学院中，我们可以以茶养性，以画栖息，将我们的性灵安养。

游学亦然。2017年，隐墅学院发起了文创+游学的行走，参会人员陆续走访了台湾、日本，从台北的诚品书店到日本的茑屋书店，从阳明山中的食养山房到日本京都的文化大成，从台湾的桃米生态园到日本传统风味十足的"陆地上的孤鸟"百川乡合掌村，从古早风味的九份到将屋宇与静谧自然风光相结合的轻井泽，一路远行之余兼且拜访当地著名学者、民宿经营人、花道大家、茶师。通过这一趟生活美学的游学之旅，人们在行走中可以细看、触摸、思考隐墅体现的禅意生活、诗意栖居的真谛，看大师们如何经营自身，享受内心的宁静。

从隐墅到隐墅学院，是隐墅的一个进步。中国传统文化的根脉主要是乡村，我们希望让更多的城市人能够回到山野之中，回到乡村，以一颗恒久之心，回到生活本身，感觉隐墅栖居的幸福。

其实真正的幸福，并不是一定要去做惊天动地的大事，而是要懂得发现生命中的小确幸，把每天的日子都过成诗，要有仪式感，要有审美性，如此才能发现美好的生活方式，让我们的生活变成另一种更自然更好的方式。

02 什么是隐墅模式？

生活美学是生活之道，是要对食物兴味盎然，对外表用心经营，对文化悉心品味。生活美学是一种具有仪式感和美感的生活享受，人活着的意义就在于享受生活，生活美学定位于人类对待生活的内心世界，即生活态度、生活立场、生活欲望三个领域。

隐墅学院要做的不是去教授一门学问，而是以现代生活美学为使命，成为中产阶级生活美学的导师，把闲情留给生活，正如中国传统文化的品茶，我们学习"茶"道，但却不仅是以"茶叶"为授课的主要内容，而是通过茶文化去探索生命的艺术，要知道，茶席虽小，但茶中的世界却是很大的。

隐墅模式

隐墅模式VS隐墅经济

在乡村振兴成为国家战略的大环境下，我们推出隐墅的概念正当其时，而随着隐墅在全国范围内的拓展，我们又适时地定义并清晰化了隐墅模式。

所谓隐墅模式，就是通过乡村的集群化改造，让闲置的房屋成为都市人乐于居住的诗意栖居之地，通过耕地、山林的复耕，恢复农业生产，所生产的农特产品，再经过创意化的设计包装，并使之成为"隐素"产品。同时，在开发改造的过程中，注重生态保护和传统文化复兴，并把青山绿水和都市人的时尚消费无缝衔接起来，最终将乡村的青山绿水真正变成为金山银山。

隐墅模式堪称是乡村改造的一种新模式，其核心理念是在全国范围内的传统村落、4A及4A级以上景区周边村落、美丽乡村等地区，选择那些闲置甚至是废弃的院落、民房，通过租赁管理，盘活农民闲置资产，对这些闲置甚至废弃的院落、民房进行创新设计，实施"个性化、品牌化、品质化、创意化、连锁化、模式化"的运营管理，为其注入全新休闲度假、养生养老等功能，建设市民与农民共同创造的新型乡村社区，为市民提供全新乡村生活设施和空间的一种模式。

隐墅模式的顶层设计可以概括为五个方面：一是乡村闲置农民的增值服务商；二是中产阶级乡村生活的定制者；三是乡村民

宿经营与管理的服务商；四是乡村生态产业链的构建者；五是乡村文化复活的使者。

隐墅模式不只是围绕居住、生活方面，相反它是乡村多种产业的综合，例如休闲度假、文化、养老、旅游、特色产业；同时它又是多个主体互动形成的模式，参与人员包括农民和市民，利用的是农民的闲置住宅，引入的是高素质的市民，人气聚拢以后，也能很好地解决社会"空心村"（空心村指在大面积城镇化的社会氛围下，农村里居住的人很少，占用的土地却很多，由此造成的大面积浪费和空置）问题。

作为乡村旅游的3.0版本，隐墅模式也可以说是诗意生活的缔结者，它外朴内雅，隔而不离，低碳环保，是在有限的服务基础上的自服务。

从另一个层面上来讲，隐墅模式在导入新型产业的同时，也能实现当地农民的就地就业，通过基础设施的改善，也能有效地改变原有农村的面貌，推动传统村落的保护，在对传统民俗进行挖掘、活化时，还能让中国的传统文化重现光彩。总的来说，隐墅模式是一种政府+企业、农村村民+城市居民城乡一体化、社区营造的新举措，能够推动城乡的统筹发展。

我们开启隐墅模式，并致力于将其推广至全国，力争在10年内打造200个村落、3000幢隐墅，倾力打造中国隐墅新品类，成为中国隐墅行业的领导品牌。

我们相信，在未来，隐墅模式大有可为。

根据中国报告网发布的《中国乡村旅游市场深度调研与发展趋势研究报告（2014-2018）》，现在中国乡村旅游的年接待游客人数已经达到了三亿人次，占到了全国出游总量的近1/3，旅游收入超过400亿元。每年的黄金周，全国城市居民选择乡村旅游的比例则达到70%，每个黄金周形成约6000万人次的乡村旅游

隐墅模式

市场，而隐墅及隐墅模式所在的乡村正可以成为这部分出游人群的理想居所和目的地。

同时，隐墅模式还兼具巨大的社会效益。我们将隐墅模式的规划分为近期和远期。近期实施的区域主要是选择那些具有代表性的有特色的，部分保存完整、条件较好的古村落。其体现的社会效益具体包括传承乡村记忆，彰显乡村文化，促进乡村的旅游发展，形成新的乡村活力点、优化乡村生活环境，感受不一样的生活体验、挖掘乡土文化，融入创新创意，加速产业升级、建立产业链等，以期最大化地构成乡村的生态圈聚落，活化乡村，激活人们对乡村的记忆。

隐墅模式的五大关键定位

隐墅模式为的是通过对古村落进行乡村文化产业化，创意产业化改造，加载隐墅、农垦市集内核，打造乡村历史文化、生态、景观、民宿、创意于一体的乡村文化旅游。我们对隐墅模式的定义有以下几点：

一、乡村闲置农房的增值服务商

当前，随着城镇一体化的加快推进，农村的人口结构、产业结构和居住方式相比原来都发生了巨大变化。在很多农村我们都可以看到，因为年青人都外出打工或是选择在城里购房，农村中剩下的就是一些老人和小孩，原有的房舍大量闲置不用，有的甚至废弃。

这种情况让不少农村出现了"空心化"问题。有人曾这样戏称"空心村"："外面像个村，进村不见人，老屋少人住，地荒杂草生"。根据中科院地理所中国农村空心化问题研究课题组的报告显示，我国的传统农村，目前有差不多1/3出现了不同程度的"空心化"现象。现在，我国的城镇化率达到了51%，外出务工的农民达到2.53亿人，而农村人口则由原来的8.6亿人锐减到现在的6亿人。

大量的"空心村"也给农村经济社会发展和土地利用带来了很多负面影响。就拿那些农房来说，农民住还是不住，它都在那里，但如果任它破败下去，那肯定是巨大的资源浪费。

而且，我国现在正在积极推进"农村土地三权分立"，即土地所有权、使用权、经营权正式分开，农村土地可以流转，土地合并经营得到国家政策的肯定。在这种情况下，外来企业如果能利用好这些闲置农房，就可能成为振兴乡村经济的有效途径。

有些地方，政府层面进行了积极的农房改造实践。例如鼓励农民兴建"农家乐"，或是鼓励其他人员投资改造农房，使之形成适合城里人休闲度假的新处所。武汉市江夏区的退休干部张能安，就与人一起各自投资了10多万元改造了一幢该区的闲置农房，原来破败的农房摇身一变为大气的"农家乐"，退役的农具变成了富有文化气息的点缀，退役的木船种上花就变成了盆景……这些都极大地吸引了城里人前来旅游休闲。

不过像这种对闲置农房的改造，如果不是由公司参与，只是集中在某一个点上，还形不成面。我们的隐墅则不同，我们通过对古村落进行一个面的改造，在一个大的范围内将闲置农房统一规划，使之形成一个集中的休闲度假区域。再通过多样化的互联网经济方式吸引向往田园生活的城市居民，让他们既能体验到田园生活的乐趣，又能全方位地感受乡村的自然风貌，当然更重要的是还能给农村注入活力，进而带动当地经济的发展，促使当地农民致富增收。从这些方面来看，隐墅模式可谓是乡村闲置农房最好的增值服务商。

二、中产阶级乡村生活的定制者

在隐墅模式中，我们将原有乡村给都市人带来的不舒服和不适应感的因素一一去除，从设计、创意、活动等各个层面满足中产阶级，使之能够最大化地享受乡村生活。

我们甚至还提供了参与模式，有意向的中产阶级可以参与到农房的设计创意中来，使之按自己的意愿对这些闲置农房进行改造。

根据中产阶级的特定需求，提供个性化的服务是我们的主方向。如果中产阶级想拥有一幢农房，可以参与设计，或者是定租一幢隐墅，每逢节假日即可带上家人到农村居住；如果中产阶级想拥有一片私家菜园，只需缴纳一定的费用，就可拥有，享受纯生态的蔬菜提供；如果中产阶级想拥有一片花圃，隐墅模式同样可以提供一个私家花圃。为中产阶级定制的产品可以是多方面的，私人定制以后，中产阶级甚至可以自己拿起农具，感受农耕的快乐与艰辛。

实践证明，定制的乡村生活，对中产阶级有着强大的吸引力。首先，都市生活紧凑，空气质量逐渐变差，中产阶级生活压抑，从内心里渴望宁静和放松；其次，中产阶级从辈份上往上溯几代，可能都是农民，偶尔做做农民，也能体验一下祖辈的艰辛；再者，隐墅模式打造的区域也是中产阶级田园生活的绝佳目的地。

生活定制方面，让中产阶级很好地回归了自然生活，如果不想自己打理定制的房屋或土地，也可以交由隐墅公司代为管理，农作物可以待成熟后来采摘，把无公害的蔬菜水果带回家。

乡村通过中产阶级定制服务，也有效地提高了农房使用率和土地耕种率，还获得了报酬。实现了农民和都市人"双赢"的目标。

三、乡村民宿经营与管理的服务商

我们投建的隐墅，在不作为隐墅使用的时候，它就是民宿，而我们自然成为这些民宿经营与管理的服务商。我们会和村庄合作，让当地政府与村庄共同参与，打破了过去传统的私人或企业独舞的形式，变为由企业领舞，三方共舞的经营模式。所以我们的经营不是单纯地给游客提供售卖房间、餐饮等物质活动，还包

隐墅模式

括对村容村貌、乡土人情等精神的传承。

我们也会与一些有乡村情怀的都市人一起合作,例如从村庄走出去的成功人士,迷恋当地风土人情的都市精英,等等,和大家一起打造更好的隐墅。例如让合作者参与房子的装修、参与投资村落项目,获得一定量的公司股权等,经过公司对隐墅进行统一策划包装以后,统一对外经营开放。

我们有很多创意型的产品,例如微享一号,都市人只要投资20万,就可以成为这幢微墅的主人,微墅一室一厅,可以随意地享受惬意人生,再如会享一号,投资人可投资100万~150万,用于活动并兼具收益的俱乐部,每月坐拥投资收益,会员更可享受隐墅8.5折的优惠。

在管理上,我们和都市传统的星级酒店既有关联性又有差异性,我们追求的既有对客人的高品质服务,也有属于客人自身的独处和乡土气息的融入。

隐墅的预订采用的是总部统一管理模式,通过订房平台、官方微信、400电话三种方式来完成。隐墅实行的是网上结算,减掉前台收费环节,节约人力物力成本。

隐墅的接待是由管家来完成的,隐墅的大管家并非专业酒店出身,其特点是纯朴、热情、有艺术气息。客人到达后,管家要核实客人的身份信息,与总部财务进行核实后给客人办理入住手续。引领客人前往所要入住的主题院落,途中要向客人介绍当地的风土人情、村容村貌等,客人到达入住的院落后,管家要讲解院落的主题及特色,使客人更加直观地了解所住院落的文化价值。

隐墅的住所是以庭院为单位,外朴内雅,外面一看就是古旧民居,内饰则具有现代文化气息。追求的是客人的私密性。管家安排客人入住后,原则上是不去打扰客人的生活,除非客人要

02 什么是隐墅模式?

求,管家才会上门服务。

隐墅的建设及日常物品的采购是由总部采购部门统一来完成的,既保证了物品的质量又降低了采购成本。日常客人的消费我们采取的是提前预订的形式,鼓励客人网上结算,或采用刷卡的形式,不提倡现金消费,从而节省隐墅财务人员的人工成本。

每一座隐墅集散区至少要配备一名管家、一名设施设备维护人员、一名物业负责人、一名安保人员及多名保洁人员,负责入住接待、餐饮供应、客房服务等。

隐墅定位为城市中高端消费人群的度假场所及养生地,采用的销售渠道主要有订房平台和官方微信,主打会员制,采用的推广模式为微信推广、举办沙龙、媒体访谈等途径。

四、乡村生态产业链的构建者

隐墅的首位产业是休闲度假。从构建隐墅生态圈、隐素产品的开发、隐设计的开创、隐生活的流行等四方面展开。在发展休闲度假产业的同时,我们也会进行多产业的融合,这主要表现在其与农业、度假、文化、养老、旅游、特色产业的融合;与市民、农民多主体的互动。这种融合是基于隐墅院落主体,基于隐墅所在地原有资源及引进产业,基于实体产品发展的创新模式。

以农业为例,首先,隐墅的临时工作人员为古村落农民兼职,建设队伍来自村中乡里;其次,隐墅的选址位于农村,服务人员选自周边综合素质较高的村民;再次,隐墅的特色餐饮食材源自村民自种;最后隐墅伴手礼包括了当地土特产,以上无不体现隐墅作为一种新兴业态与农业产业的高度融合。

隐墅与其他产业的融合也不言而喻,与花卉产业的融合多体现于对当地植物资源的合理利用,如格桑花谷、格桑花种、植物装饰画等;与互联网产业的融合主要体现在民宿的线上营销,等等。

五、乡村文化活化的使者

著名作家、文学家冯骥才曾说："中国传统文化有70%在乡村。"中国传统文化的根基就在乡村，弘扬传统文化的重点也应该是在乡村。然而，在隐墅进入乡村之前，因为"空心村"等原因，以前那些乡村传统的文化活动其实逐渐在处于沉寂状态，有的甚至正在慢慢消亡。

而在隐墅模式中，我们会重拾这些乡村文化，根据每个隐墅不同的资源特色，设计不同的活动。例如举办各类型的传统民俗节庆活动，为隐墅增姿添彩，让消费者感受到最传统的乡味，体验到最传统的文化。我国作为历史悠久的文明古国，丰富的民族传统节日是中国文化不可缺少的一个重要组成部分。每一个节日都有它的历史渊源、美妙传说、独特情趣和深广的群众基础，是千百年来一代代人岁月长途中欢乐的盛会。端午节包粽子赛龙舟、中秋节赏月食月饼等，都可以很好地融合到隐墅模式中来。

YIN SHU
MO SHI

03 隐墅经济是什么经济?

> 隐墅模式是一种经济型的活动,但又不是单一的经济活动,它有着丰富的内涵,有着最新型的经济思维。它带给消费者的是传统文化,但运用的却是现代的理念。这种有机的结合,也使得隐墅经济这种新经济焕发出了一种独特的光彩。

隐墅模式

共享经济：创造多赢共享的新平台

不得不承认，共享经济正在越来越多地体现在各个产业的商业模式之中。在这个互联网的时代，共享正在成为人们离不开的词汇，由此而衍生出来的一种经济形态，就是共享经济。简单点来说，它也属于一种点对点经济，是建立在人与物质的分享基础上的经济生态。"我为人人，人人为我"称得上是共享经济的精髓，即以闲置资源来换取利益。

共享经济的主要表现方式为一个由第三方创建的、以信息技术为基础的市场平台，能让个体借助平台交换闲置物品，分享自己的住房、知识、经验、服务，甚至能借助平台为某个创新项目筹集资金，资源共享。即共享经济平台作为连接供需双方的纽带，通过一系列机制的建立，使得供给与需求方通过共享经济平台进行交易。

共享经济的基础是互联网和大数据科技，目的是激活重置闲置资源，充分使用闲置资源并产生利益，它加速了拥有权与使用权的分拆，资产的不断重复使用可以促使传统行业大洗牌。

因为所利用的资源属于过剩资源，共享经济在对资源的利用中，通常会表现为三种方式：整合、分割和开放。

隐墅的开发，所利用的资源是收租（购）农民的安置房屋。随着中国城市化发展速度的加快，农村的不少年轻人选择在城里购房，原来老家的房屋不得不腾空成了闲置房屋，产生不了任何价值，白白造成了资源浪费。但在共享经济中，这些闲置房屋却蕴育着无限可能，隐墅所要做的就是从这些闲置的房屋中去挖掘新的价值，将其重新利用。2015年，我们对浙江省温州市瓯海区的大罗山古村的闲置农房进行隐墅改造时，就以15年的租期，租下了其中的57幢农房。

事实证明，这种方式的房屋利用比新建一个山庄，或是一个别墅成本要低得多。因为我们除了山村的整体位置以外，无需再对某一栋单独的房屋选址，而且成本要比选购新材料要低得多。并且对其进行项目执行也只需要花费少量的时间，毕竟我们不需要再寻找、发现、扩充或是投入大量的资源。从这一点来说，它充分体现了共享经济整合的特性。

在收租到农村的闲置房屋以后，我们会对这些房屋重新分割，将其打造成适宜新主人入住的乡村隐居场所。原有闲置房屋因为较长时间的闲置，加上又是为迎合原主人的居住特性而建，因此在收租到房屋以后，在不改变原有乡村风貌的基础上，再对其进行适合都市人居住的风格设计，城农结合，形成一田一院一墅的特色，体现出共享经济中利用过剩产能的分割特性。

还有一点就是开放。当我们在对房屋做了设计装修以后，将其开放出来，提供给新主人入住。例如大罗山古村的隐墅，我们在设计时在不破坏原有外立面和村落环境的前提下，对隐墅的外立面进行了加固和改建，除了少量保存完好的内装，一些已经被破坏的内装都通过重新装修，以使其达到现代、休闲、采光充足的特点，整体装修风格我们采用了现代人偏爱的简约现代风，使其成了一个与现代都市人群生活相匹配的文化创意村，再加上村落本身所在的大罗山独具特色的自然景观，开放以后，很快就吸引了大批新主人入住。

隐墅模式

　　隐墅并不单独对某一顾客开放，而是对所有有需求的都市人群开放。因此无论从哪一个层面来讲，隐墅都是一种共享经济，它发现过剩产能（闲置农房），并将其合理释放，开放资产（隐墅）、头脑（内容）、数据（隐墅粉丝），使其达到人人共享、人人受益的状态。

03 隐墅经济是什么经济?

社群经济：志同道合者的群蜂效应

能量守恒定律告诉我们：事物吸收的能量必然会以某一种方式产生相对的能量，它具有平衡对称性。而我们所说的社群，便是吸收来自社会的各种能量后产生相对等同的价值观念而聚集的群体。

社群的特点，一是有方向性。既为群，肯定不是一个个体，而万事万物均是有相似而又有不同，那么群的意义便是，一定有一个共同价值观的群体，这个共同的价值观就会成为这个群体的方向，是维系集体存在交流的纽带，如学生群体的共同任务是学习。二为社会性，社会是由许多个体汇集而成的有组织有规则或有纪律的相互合作的生存关系的群体。社会并不等同于群体。人类社会（社会）与人群的区别在于：社会各成员之间联系紧密且又具有复杂的组织结构，社会有较为健全的生存和生产的职能和分工，具有对环境的适存度。而"人群"只是孤立的一个静态集合。

通俗地讲，因为某个原因一堆人相互产生联系，彼此需要，大家聚合在一起，有一致的行为规范和密切的互动关系，从而形成了一个社群。比如拼单买东西，商家大多是卖的越多越便宜，而甲只需要一点，乙也买的不多，但甲乙一起购买不就能得到商家优惠？这样一来，在受益的过程中，我们因为产生了组织的连接，在消费者关系之上有了一层共同利益，这就形成了社群经济，整个系统的运作也会更加有效率。

在互联网时代，用户渐渐不再只在乎产品的功能，开始聚焦企业口碑，产品文化等精神价值，而当情感体验超过功能诉求时，就产生了信任连接，人们自行组织运转且病毒式循环扩散，社群商业应运而生，内在的兴趣、情感、文化基因，加上外在的科技进步和功能支持，是社群崛起的原动力。当一群有着共同品位、追求、价值观的用户抱成团，发生群峰效应，互动交流、协作感染，对产品本身会产生"反哺"的价值关系。

隐墅亦然。隐墅模式最大的卖点就是在乡村旅游和乡村建设的烘托下，一房一主题，一院一文化，一个隐墅社区又会重点打造某一门类的文化，以与"隐"有关的社群活动可扩大隐墅的知名度，并依托社群平台，在受众中带来广泛的社会资本和信息沟通途径，凝聚社群成员的价值认同，社群创造的价值又反哺到隐墅模式中来，打造出一个完整而可持续地传播与盈利模式。

虚室·隐墅

我们打造隐墅中使用的"众筹"，也是互联网状态下社群经济的最好体现，我们为一些有信心的隐墅项目发起众筹，让大家拼单，在减少自身压力的同时，也获得了和广大受众横向交流的机会。

其他社群经济的商业模式，例如以情怀和好感度走粉丝文化，利用情景进行营销、实时响应客户的服务在隐墅模式中也有很好的体现。我们会经常利用社群做一些线上线下的活动，用户在社群中可以深入了解我们的隐墅品牌，互动活跃紧密，消费者可以和创办者实时沟通，部分忠实的用户或顾客甚至成为了一幢隐墅的经营者。

互联网作为当今社会消费者与品牌间最便捷的路径。用户能根据特定的爱好、需求、兴趣在相应平台与志同道合者共同交流，价值共享，资源共享的同时，能以最少的时间得到自己最需要的，而有头脑的人可以瞬间发现自己的利益输入点。找到卖点，聚集同伴，打开新品牌的大门。如今乡村振兴战略中也已加入了新型乡村社群生态圈计划，通过开放的社群平台，合理划分农村流动资源，有平台强化诚信担保，使得更多农产品走向全国，实现更多需求，新型农村将迈向高科技农业之路，可以看出社群经济将持续发展成为主流，而社交等平台也将继续多元而高速地发展。

族群经济：雅趣人士的精神家园

世界进入互联网时代以来，所有企业都开始在做自己的族群。这里的族群不同于传统的族群概念。族群在民族学中，指的是地理上靠近、语言上相近、血统同源、文化同源的一些民族的集合体，而在现代社会中，在商业领域，族群则可以是指一群对某一类产品有着极大爱好的一群人，也就是粉丝，族群经济则是企业对自己粉丝的一种经营。

移动互联网普及开来以后，这种情况越发明显。移动端促销与PC端不同的是，小小一个手机屏，不可能像坐在电脑前那般悠然自得地货比六家，看完介绍看评论，看完评论再查售后。手机盯久了，眼睛会酸的，倒不如扒一扒明星在用什么品牌的产品。因此，对粉丝的维护成为商家要做的首当其冲的事。

鉴于粉丝的忠诚度与高黏性，当下的商家学会了以粉丝为核心，努力打造忠诚的粉丝族群，这是让产品畅销的王道。

例如小米手机刚推出时，口号是"为发烧而生"，想要聚合的就是"发烧友"这一族群。在寻找自己的族群时，小米团队曾发起过一个"我是手机控"的活动，得出的结论是：发烧友喜欢的手机才有可能成为畅销手机。雷军认为发烧友是意见领袖，只有他们喜欢，一款手机"才可以真正走向大众"。之所以选择这个群体，是因为他们代表消费的最前沿，对其他消费群体有示范作用，随之带来的是群体的跟风。目标群体的精准定位为小米找到了市场上的空白点，随后创造了不可思议的奇迹。

回过头来，看一看我们的隐墅模式，其实也是一种族群经济的体现。隐墅一房一主题，一院一文化的模式，要聚合的就是一些志同道合的人。例如大径山禅意生活小镇。大径山位于杭州城西北，这里既有江南五山十刹之首的径山寺，又有滋味能够比肩龙井的径山茶，从古至今，大径山就透露出一种浓浓的禅茶精神，"禅意"是其中最核心的主题。于是，在塑造大径山隐墅时，开发的目的就是围绕"禅意"的文化核心，处处透露出一种"静"和"雅"的气氛，使之成为中国禅茶第一镇。而这一禅意主题随着线上线下的族群传播，又吸引了越来越多的禅意爱好者来此。

盘云谷文化艺术村

除了一个社区迎合一大类人群外，一个单独的隐墅也有一种独特的风情，例如盘云谷有57幢石屋，就有57个主人，可以讲述57个故事。

记得《罗辑思维》中说过一句话：没有粉丝的品牌都将消亡，拥有族群才会拥有自己的品牌。想一想，确实是这么一回事，在这个互联网时代，对粉丝，对族群的经营就是一种商业哲学。

隐墅模式

内容经济：一个隐墅集聚区，就是一个旅游目的地

"内容"这个词很早以前就出现在了人们的生活中，只不过由于时代的不同，其赋予的含义也不尽相同。

早期的内容，也许说的就是"文字"，或者是图画的文字，例如唐诗宋词，例如绘画岩画。但是到了现在，"内容"发生了极为深刻的变化，尤其是互联网大发展带来的信息革命，视频、问答、语音直播、公众号等等都变成了内容，甚至再延展开来，所有经济领域的玩法，都是内容之一。现在的内容，比以前的内容更为多元，而且更商品化和资本化。

隐墅模式，说到底是建立在改造闲置民房上的文化创意项目，它不是一个单独的民房，而是一个村落群体。从某种程度上来说，一个隐墅就是一个度假产品，一个隐墅社区就是一个旅游目的地。这个目的地涵盖旅游休闲及传统文化的方方面面，凡能想得到的一些休闲度假项目，基本上都会在我们的隐墅社群中找到相应的影子，我们也会根据不同的村落特点打造独具特色的内容。

拿盘云谷文化创意村来说，这个村庄占地约5000亩。面对这么一个既有历史文化感，又有自然气息的地域，我们的出发点就是建设一个以大罗山自然风光为基础、文化艺术为亮点、建筑保

03 隐墅经济是什么经济？

护为核心的文化产业开发及旅游项目。

因此，我们的着力点不仅是在对闲置民房的改造上，也包括对整个村落的规划上。建成后的盘云谷文化创意村，包含有多个功能区，例如艺术家走廊、建筑设计师试验场、文化休闲天地、保健养生广场、户外运动基地、民俗文化基地、乡村客栈、亲子互动乐园、民间收藏馆、创意农业观光、奇石天地等，不同爱好的都市人群都能在此找到自己喜欢的功能区。艺术家走廊和建筑设计师试验场专为艺术人和建筑人而建。尤其是建筑设计师试验场，对于建筑师们可以说是意义非凡。

盘云谷美景

我们认为的天人合一，或许是中国建筑永恒的主题，"人法地，地法天，天法道，道法自然。"中国古代先哲老子精辟地道出可持续的生态设计的核心思想，中国传统建筑一直围绕这个主题发展，但是长期的儒家礼法制度影响下的中国建筑在新的时代中应该有新的突破，而这样的突破，需要全社会的努力和支持，不以数量要求，而以质量为第一。因此结合当前大环境，我们让建筑师在大罗山地区原有村落完全破败的基础上开展新式建筑的尝试，旨在打造一些完全与大罗山自然融合在一起的新时代建筑精品，在吸引建筑师的同时，也能为我们自身的建筑设计提供借鉴之处。

除了各式各样的功能区，我们主导的各式活动也是隐墅模式的优质"内容"之一。还以盘云谷文化创意村为例，我们结合盘云谷自身的特色，开展了奇石文化节、大罗山音乐节等多项主题活动。大罗山以奇石闻名，悠久的赏石文化艺术作为一种传统文化和现象，一种和谐社会的精神食粮，正在被越来越多的人们所青睐。赏石文化在民间文化中占有十分重要的地位，作为一种传统的文化艺术，它是民族文化精髓的媒介，也是载体。蓬勃发展的赏石文化，如春风细雨般，把生活智慧、价值观念、自然观念等融进大众文化，并逐渐成为真正的民众文化需求。

再如大罗山音乐节。户外露天音乐节是中国蓬勃发展的新兴文化项目，大罗山音乐节依托福地大罗山良好的文化积淀与自然风光，以及盘云谷文化创意村的开发，正是举办户外音乐节的天然良地。

以上所举仅是盘云谷文化创意村的"内容"，而在我们众多的隐墅中，这只是冰山一角，我们的"内容"，真可以说是无所不包，无所不玩。把这些"内容"组合在一起，就创造出了一系列的经济活动，在让都市人玩得惬意的同时，也创造了可观的营收。

产业链经济：重构的产业链，打造生态圈

现代社会，有着大小不同，层级不同的经济单位，这些经济单位因为某种同一的属性集合到一起以后就形成了产业，例如农业产业、文化产业、旅游产业。产业经济即是由这些不同产业支撑起来的一种经济形态。

现在我们讲商业生态系统，按提出者詹姆斯·穆尔的观点："商业生态系统是以组织和个人的相互作用为基础的经济联合体。"可以看出，一个生态圈，其实就是一个涵盖了不同产业的经济集合体，在生态圈中，某一企业只是其中的一个成员。在这个生态系统内，企业需要考虑自身所处的位置，才能创造出"共同进化"的商业竞争模式。

在互联网经济中，淘宝网是一个比较成熟的产业生态圈。阿里巴巴成功的关键之一，就在于它依托电子商务平台的强大力量，连接起了中小企业、自主创业者和消费者。淘宝网几乎成为了我国电子商务的代名词，对此，马云的理解是："淘宝不只是一个交易网站，而是一个电子商务生态圈的符号，无论线上线下，无论PC互联网还是移动互联网平台，只要人们想到购物和交易，淘宝将无处不在。"

淘宝网的商业生态系统对外界是开放的，通过合作接纳和更新系统成员，不断扩大着自己的合作边界。但它的最终目的却是

建立一个闭环平台，可以让淘宝随意地穿梭于O2O商业模式的任一环节。于是，我们能看到阿里先后收购了墨迹天气、虾米音乐，出手文化中国、佰程旅行，并入银泰百货、优酷等手笔。我们也能看到在这个生态圈中，包含了文化产业、旅游产业、商贸产业等众多产业。

新形势下的产业经济，主要方向就是重构起一个全新的产业链，打造一个生态圈，这是阿里成功的标志，也是隐墅正在做的一件大事。

虽然，隐墅的基础产业是休闲度假，但深入下去，我们就很容易地发现它是众多产业的集合。例如农业产业，在隐墅模式的覆盖下，我们在每一处隐墅项目中都在大力发展农业相关项目。农俗体验活动，在乡间因地制宜地开展一系列农俗活动，不仅让原来荒废的田地得到了利用，农民也因此增加了收入，都市人则可以体验自己动手、丰衣足食的乐趣，享受丰收的快乐。此外，采摘、土特产、养殖也是如此。

林家铺子·隐墅

除了农业产业，还包括文化产业（隐墅中的文化活动）、养老产业（为老年人提供的养老俱乐部）、特色产业（特色节庆、特产）等等，完全是多种产业的融合，形成一个完整的生态圈模式。

我们得益于互联网的优势，将农民与都市人有需求的各种产业巧妙地结合起来，达到重构产业链的目的，建设起一个坚固的闭环生态系统，既重新塑造了乡村的经济形态，又打造了一个全新的乡村振兴商业模式。这就是我们所说的从隐墅到隐素，从居住到产品再到产业链构建的意义。

隐墅模式

乡愁经济：乡贤回归的乡愁最佳安放之地

"小康不小康，关键看老乡。中国要强，农业必须强，中国要富，农民必须富。"我们都知道要实现一个国家的富强，农村发展不可或缺，因此实现城乡一体化，成了国民的共同追求，尤其是乡村居民，近年来更是积极响应国家战略号召，向着致富之路前进，加速建设乡村。于是，本着让压力大的城市人到新农村感受山间的清风，林内的流水，放松自己融入自然，同时农村居民也能有更多收入，经济获得发展这一动机，发展村落旅游业成为农村建设中一种简单有效的方式，并被广为应用。

但在大家都将村落视作赚钱的利器，匆匆进行旅游规划、商业化运作时，在城镇化商业化进程不断推进的过程中，村落的保护及生命力的延续也受到了局限。急于借旅游开发牟利的现象频现，对自然生态除有破坏之外，文化资源也得不到妥善保护，传统文化难以延续，还存在村民蜂拥于旅游，农田耕作遭舍弃的风险，乡愁走向遗失的边缘。

乡愁体现的是人与自然的和谐相处，"暧暧远人村，依依墟里烟""狗吠深巷中，鸡鸣桑树颠""开轩面场圃，把酒话桑麻""倚杖柴门外，临风听暮蝉"，这些都是城市缺乏但农村独有的资源。人们为一张春运票费尽心思，或许正是惦记家乡的亲情与风俗以解心头的那一抹乡愁吧。

03　隐墅经济是什么经济？

2013年8月，习近平总书记在全国宣传思想工作会议上提出，要"讲清楚中华优秀传统文化是中华民族的突出优势，是我们最深厚的文化软实力。"融入现代元素，更要保护和弘扬传统优秀文化，要"让居民望得见山，看得见水，记得住乡愁"，对此，把握好"乡愁、乡风、乡贤"三个关键词就很重要。

自明清起，就有乡绅共治之说，比如明朝的吏部尚书魏骥告老还乡后，在家乡居住20余年，多次向当局提出修水利，还亲自主持修筑麻溪、白露等地的水闸，解百姓水难之苦。而"新乡贤"是实现快速城乡一体化的中坚力量，各界成功人士带着经验、资源、梦想、财力重归故里，为乡村的稳定繁荣做贡献，净化村风，引领中国农村走向"善治"。

树高千尺，叶落归根，倦鸟知还，游子思亲。以往农村青壮年外出务工，乡村留下的大多为老年人，但如今比起外来开发商的投资馈赠，对家乡有浓厚感情的乡贤更了解形势，且更有引领示范的作用。保存故乡记忆，一方水土一方情，把乡愁文化融入到美丽乡村建设中，吸引乡贤回村，眼界宽、思维活、资源广的他们将成为乡村振兴的最大助力，用好家风涵养民风，促进乡

纪录片《记住乡愁》

风文明。这样才能物质文化一手抓，全面稳健地发展。中央电视台甚至拍摄大型纪录片《记住乡愁》，聚焦海内外华人记忆中的乡愁，深入挖掘和阐述中华优秀传统文化的时代价值，吸引乡贤回村。

全国各地也在积极实行"新乡贤"计划。例如浙江丽水推出的"乡贤回归工程"，以乡愁引乡贤，以乡贤兴乡村。根据乡贤们的业务领域，通过挖掘其自身及其周边的资源，有针对性地分组开展招商引资、养老助残、教育事业、法律援助，同时发挥"蝴蝶效应"，吸引和带动更多的有识之士投资创业，发展家乡。莲都区老竹镇新陶村党员郑建全原本在上海、杭州等地做生意，收入颇丰，在"乡贤回归工程"的感召下，他毅然回村并成功当选为党支部书记，带头做起生态观光农业项目，取得了显著成果。这些有能力的乡贤的回归，不但带来了资金和项目，也解决了基层干部断层的问题，很有建设意义。

可以看出，未来将不再是单纯从事农业活动及农民居住的传统农村，而是由乡贤引领，让乡愁回归的更符合人们生存的现代新农村，生态宜居的乡村将向城市的后花园迈进，而城市的基础设施建设也更多地向乡村延伸，在一定范围内能够为乡村提供像城市里那般便捷的服务，比如公共交通、污水处理、医疗服务以及教育培训等服务。

恒者思远，思者常新。相约故乡，共话桑梓，畅谈发展。为母地尽自己的一份力量，支持家乡教育，推动家乡经济发展，乡贤回归才是乡愁经济的最佳安放之地。

YIN SHU
MO SHI

04
隐墅模式的互联网思维

> 在互联网高速发展的时代,隐墅模式并没有脱离互联网,反而将互联网思维纯熟地运用了进来。新经济时代中,我们所能想像得到的互联网打法,例如免费思维、大数据思维、跨界思维等等,都能在隐墅模式中找到代表性的体现。

隐墅模式

隐墅模式之免费思维

在互联网中，免费是很多公司都会应用的一种商业策略。免费思维也是很多公司做强做大的一个杀手锏。例如，腾讯做QQ，一开始就是免费的，阿里做淘宝，一开始也是免费的。

互联网中的免费思维，当然说的不是一直免费。前期的免费，目的是为了吸引人气，吸引流量，圈住用户。在互联网中，统一的认识是用户的价值是最高的，企业可以用免费的策略把用户的心留住，获得了用户，也就拥有了占领市场的资本。

聚集起来大量的用户以后，企业就可以引导用户在其他地方进行消费，把用户开发为客户并以此来赚取利润，实现费用承担者的转移，让企业的价值链得以延长。这就是常说的互联网中"羊毛出在狗身上"的道理。

对此，奇虎360的董事长周鸿祎说："在传统商业逻辑中，免费是行销技巧和行销诱饵，而不能真正做成商业模式。但是有了互联网，可以随时随地把人和资源连接在一起，也可以使企业把产业链做长、做深，这就比较容易理解'羊毛出在狗身上，猪来买单'的新的商业模式。比如实现了许多免费服务的支付宝本身可能不赚钱，但是把很多产业链打通之后，有一天你会发现：你在上面进行那么多消费，涵盖了生活的方方面面。"

免费思维看起来很简单，但在实际运用过程中却并不容易。

04 隐墅模式的互联网思维

互联网中的免费思维有两个很重要的核心，一是在别人收费成为习惯的领域进行免费，这样很容易打破行业的宁静，也很容易累积起大量的用户，例如360就是如此，以前杀毒软件都是收费的，但是360出来后，采取免费的策略，很快就吸引住了消费者的目光；第二个核心是要在具有粘性的产品中进行免费，也就是你提供给消费者的产品是有粘性的，能让他多次使用，一直使用的产品，例如腾讯的QQ就是这样的产品，在QQ上免费也就吸引了大量的用户。

免费思维是很多企业成功的杀手锏，对于我们的隐墅也是一样。一幢隐墅就相当于是一个免费的旅游产品，一个隐墅社群就相当于是一个免费的旅游目的地。中产阶级入住的是隐墅，其实是体验和游玩了一个免费的旅游产品和旅游度假目的地。隐墅是高于民宿的，它的功能绝不止是简单的住宿，而是包含了几乎所有与旅游相关的"内容和产业"。而如果中产阶级成为了隐墅的主人，隐墅及隐墅社群中很多与旅游相关的内容和服务都是免费的。如果中产阶级愿意自己独立经营一幢隐墅，我们也会免费提供给你一幢乡村农房，物业服务、营销推广、设计装修都由隐墅公司代为运营。如果中产都是隐墅的客人，则他就享受了一个免费的旅游产品和微度假基地的服务。

总的来看，隐墅的免费思维是契合互联网模式的。我们推出隐墅的免费思维，在经营上具有独特性和唯一性。此外，我们的隐墅是有粘性的，我们不是让都市人玩过一次就算了，而是要让都市人能够长期地来住，长期地来体验，长期地来感受，因此免费就很容易给他们带来粘性，在他们成为隐墅的忠实粉丝以后，再引导消费者进行消费，通过其他产品经营和产业互动来向用户要利润，实现公司的盈利，这也正是互联网中免费思维的精髓所在。

隐墅模式

隐墅模式之大数据思维

毫无疑问，这是一个数据的时代。全球著名咨询公司麦肯锡曾作出这样的论断："数据，已经渗透到当今每一个行业和业务职能领域，成为重要的生产因素，人们对于海量数据的挖掘和运用，预示着新一波生产率增长和消费者盈余浪潮的到来。"

的确如此，从大数据在现今商业中的运用我们就能窥见一斑。大数据是指数量巨大、结构复杂且又类型众多的数据集合，对大数据进行融合运用，就能对一个企业形成有效的资源。现在人们提倡互联网+，本质上也是要求企业能够对数据进行精密利用，以数据化的思维来指导企业的战略和商业管理。

在商业中运用大数据的实例有很多。比如百度，就是靠用户搜索表征的需求数据和爬虫（一种自动获取网页内容的程序）以及从其他渠道获取的公共web数据而称霸一方的。又比如阿里巴巴通过用户交易数据、用户信用数据及通过收购、投资等方式掌握的部分社交数据、移动数据，而在电商市场所向披靡，少有对手。还有小米的电商平台，也演变成了一个大数据平台，这些数据便成了小米手机了解用户需求，定义产品的重要平台。

数据是企业生存的根本，在互联网+的时代，如果不懂得运用大数据小数据，不懂得其中的运作原理，就必然会使企业发展滞后，处处受制于人，失去立足之本。隐墅也一样，现在从各方面得到的数据都显示,人们的乡村旅游已越来越趋向于个性化,消费者来到乡村,目的绝不仅仅是找到一个可以住宿的地方,而是希望住得舒适,玩得有意义。

而要想迎合消费者的这种乡村旅游偏好,就必须要依赖于大数据思维,以大数据作为自己各种管理和营销的重要依据,要懂得对数据进行精密利用。

在隐墅的开发中,我们会将各种各样与隐墅相关的数据都集中在我们的大数据平台中,并通过对这些数据的整合分析,来给消费者画像,或是给自己的决策提供思路。

恋坊·隐墅

例如在消费者的数据中,我们会推导隐墅的受众是哪些人,这些人的收入情况怎么样。因为隐墅还是一个比较新的东西,而年轻人对新事物的接受度较快。因此在目前我们收集的大数据中,可以看出年轻人是隐墅消费的主力军,但随着隐墅的大力推广,越来越多的中年人也正在加入其中,一般来讲,26岁至40岁的消费者占到了我们隐墅游玩人群的60%。而在收入情况的数据中,年收入在30万以上的中产家庭占多数,而且一般家庭在隐墅

隐墅模式

中都不会只消费一次，我们提供的游玩设施让消费者有了高频次消费的基础。我们也能从大数据中分析出，前来隐墅游玩的主要是以家庭为单位的人群占到了55%，结伴游玩和单人游玩的占45%。

此外，将这些大数据细分开来，我们还能分析出更多有用的东西，例如什么样的人群喜欢禅意性质的隐墅，什么样的人群喜欢茶道，有多少人群偏爱海景房，有多少人群偏爱高山村落。甚至于，消费者对我们装修的偏好，也能从大数据中梳理出来。

我们的决心是在中国的每一个县都至少要开一个隐墅，在后期的隐墅开发中，这些大数据就能为我们的开发、经营、服务、管理各个方面提供极为有益的参考，提升自己把握市场、把握用户的能力，甚至我们还能在线下和用户无缝对接，做出包括调研、人群细分、客户开发、目标生产、精准营销等在内的更科学的决策。

隐墅模式之跨界思维

在互联网的时代，其实各个产业的边界已经变得颇为模糊，跨界思维正在大行其道。以前我们说"道不同不相为谋"，而现在我们要强调的则是"道不同一定为谋"。

其实在我们身边，有太多的企业已经开始跨界。例如做图书的做起了房地产，做社交的威胁到了电信。商业之所以要跨界，主要在于现在是一个竞争比以前要剧烈得多的市场，而互联网带给我们的，本来就是一个无边界的行业，有时我们所要面对的，不仅是本行业的竞争，也要面对跨界的竞争，例如方便面的传统巨头统一、康师傅近年来都出现了销量下滑的势头，而促使它们销量下滑的却不是方便面行业本身中其他品牌的竞争，而是来自于另一个行业——外卖，因为消费者能够方便快捷地叫上外卖，也就不用再天天窝在家里泡方便面了。像这样的例子还有很多，因此，在互联网经济形势下，企业都有必要形成一种跨界思维，在自己的领域之外谋求新的增长点，取得突破。

跨界思维在商业领域的成功，有很多案例。例如百度本来是做网络搜索，但是他的手却越伸越长，不仅做金融，还做汽车。小米也是跨界的高手，除了积极研发智能手机以外，小米还在切入低端市场，推出小米盒子、小米电视等产品。而这些跨界思维的运用，反过来又很好地助推了百度和小米产品的增长，同时也

隐墅模式

让他们逐渐形成了一个较好的生态圈。

互联网时代模糊的边界促进了跨界,跨界显得比以往任何时候都要容易。在这个新的时代背景下,要做好企业,就一定要善用跨界思维。隐墅模式自然也不能例外。

在我们的隐墅模式中,最能体现跨界思维的就是从隐墅到隐素,从隐素到隐墅学院的转变。

例如台湾的薰衣草庄园,两个女孩为了梦想来到一片荒凉的山地开启了她们的梦想之旅。当时,民宿在台湾正发展得如火如荼,但两个女孩却没有简单地跟风,而是在民宿的基础上跨界做起了香草种植。15年后,薰衣草庄园已经开辟了香草铺子、缓慢民宿、桐花村客家料理、咖啡馆"好好"以及婚庆恋爱主题园区"心之芳庭"等品牌,开成了集住、吃、购、玩等一条龙服务,现在每年的营业额都超过1亿元人民币。

薰衣草庄园的紫色幸福

台湾卓也小屋也一样。卓也小屋坐落于苗栗三义,由卓也先生和其太太创建。卓也小屋从创立之初,就不只是为了给客人提供住宿,而是将吃、购、玩放在了一起,跨界做了很多东西。卓也小屋以农业生产、农村生活为核心,游客在这里游玩,可以很好地享受主人精心烹制的素食养生餐饮,并可以进行蓝染工艺的全流程体验,卓也小屋也提供蓝染布的售卖。现在,卓也小屋也已经成了游客来到三义的必去景点之一。

由此可以看出,做隐墅,就不能只是简单地提供单一的服务,而是要将水平、垂直能延展的服务都充分想到。就算是一个简单的品茶会等形式,就可以让客人们静下心来,畅聊生活,交朋结友,成为隐墅吸引游客的关键点。我们做隐墅也是一样,有很多表面看起来不相干的东西都可以被我们跨界利用成隐墅成功的活力基点。

也许,我们在未来还会开发出更多跨界的事儿,例如让隐墅和影视结合,让隐墅和展会结合,我们致力于用跨界的思维,颠覆民宿业中那些传统的认知,超越固有的商业理念和模式,让隐墅实现一个弯道超车且能在国内遍地开花的机会。

隐墅模式

隐墅模式之内容思维

未来只有一个产业，那就是内容产业。事实也证明，当前，内容正在变得越来越重要。

内容可以分为两个层面。一是内容的多样性，比如一个旅游区，可以开发出多种游玩的形式，以满足不同的游客需求。欢乐谷号称文化活动最丰富的主题公园，就在于它的主题区众多：阳光港、欢乐时光、上海滩、香格里拉、欢乐海洋等等，而每一个主题区中又有形式不一样的玩乐项目，诸如过山车、摩天轮、飞行影院等，这些都是它的内容之一。

另外一种形式是就算只是一件商品，上面也可以呈现出很多的内容。例如商品的本身、商品关键词、商品站外广告都是内容之一。

不管是哪一个层面的内容，都需要商家用心呈现在消费者面前。例如一个电商卖家，如果他不能做出一个吸引人们购买的页面，他就不可能进行大量的引流。一个景区，如果不能在自己的特色领域中开发出尽可能多的游玩项目，它也不可能最大化地满足人们的游玩需求。所以，商家一定要想好自己应该给消费者提供一个什么样的内容，要给消费者呈现一个什么样的内容，这对于商家的引流至关重要。

隐墅宣扬的就是要让大家在乡村旅游这个特色领域中什么都

04 隐墅模式的互联网思维

能玩到。而实际上也是，我们的内容打造是非常成功的，尤其是我们提倡的"隐墅十六观"，十六种生活方式，可以让游客全方位地体验到乡村生活的快感。

云上平田慢生活体验区，被称为是中国"最后的江南秘境"。在这里，28幢隐墅熠熠生辉，而每一幢隐墅的背后都站着一位设计大咖，有清华大学的原建筑系主任许懋彦，有香港大学原建筑系主任王维仁等。房间的每一个设计也都别出心裁，精致的内容自然地流露出来，和谐而又完美。木草堂是质朴精致的山野院子，一草一木，一砖一瓦，不显多也不显少，视觉冲击和心灵冲击都恰到好处。

云上平田慢生活体验区

在云上平田慢生活体验区，有的不仅是别具一格的隐墅，

隐墅模式

还有很多贴切的功能区，例如农耕博物馆、乡村酒吧、垂钓区等，这些功能区恰到好处地将传统农耕文化与城市的现代生活理念结合了起来，既保护了村内的古建筑，也带动了村内民宿业的发展。

盘云谷也是一样，众多的功能区，和别具一格的室内陈设和装饰，处处体现了内容思维的精髓。

对于内容思维的运用，我们知道内容是从属于整体的，在隐墅中的每一个内容都要为整体服务，不能有所突兀，因此我们更关注于找到一个恰当的形式，从对乡村整体的结构出发，梳理出它最需要的内容状态，并且呈现于这个整体之中，使之自然有序，而不是杂乱无章。而把内容安放好了，作为整体的隐墅所在的乡村也就能够站起来，能够自己向消费者进行表达了。

值得一提的是，我们在乡村隐墅中做了内容以后，还不是静静地等待人们自己去寻找，而是会做一些内容分发的尝试。在用户预订隐墅以后，我们会推荐给用户适宜的游玩方式，我们认为，这些对用户而言是有价值的。事实也证明了这一点，很多消费者对我们的推送都很喜欢，认为我们的服务很不错，他们不需要自己再做攻略，查看需要带的东西等等，只需按照我们的指引，在相关内容下玩乐即可。

隐墅模式之流量思维

在互联网时代，谁掌握了流量，也就等于谁掌握了金钱。不管是多好的产品，在消费者面前，都需要用强大的流量来做支撑。可以说，流量俨然已经成了一个企业的生命，没有流量的企业是不可能跟别人竞争下去的。

如果说：百度连接了人与信息；阿里连接了人与商品；腾讯连接了人与人。那看一看这三个连接当中都没缺少的是什么？对，是人，是用户。用户的访问量越大，预示着这个平台的流量也越大，前途自然无忧。如果反之呢？无论是百度竞价排名，还是各大门户网站的定向广告之类，全部都要依靠流量来完成金主们的变现目的。

再例如，在微信中随便连接一个游戏，那这个游戏开发商都能赚到很多钱。但是，如果将这个游戏放到别的平台上，它可能瞬间就会变得一文不值。原因莫过于微信有着庞大的流量入口，而别的平台流量过低，自然也带不来可观的效益。

因此我们才说，流量对于企业来讲至关重要。流量入口的大小，直接决定了企业效益的大小。而要运用好流量思维，最好的方式就是给予消费者免费的体验，免费能够获取常规的流量。我们的隐墅也有免费思维，而免费思维的目的就是要吸引流量。因为免费可以争取用户，获得用户的认可及粘性以后通过增值服务或有偿服务来确保赢利。

　　隐墅博览会和隐墅时光沙龙也是我们很好的吸引流量的入口。在这样的活动中，用户感知到了隐墅的美好，感受到了乡村美学的精妙，自然而然地就会激发他们对隐墅的兴趣，吸引他们前来游玩。

　　还有就是隐墅带来的口碑，到目前为止，隐墅给消费者带来了很好的满意率。高满意率很自然地就能转化成消费者的口碑，而口碑是很容易扩展开来的，口碑效应也能成为流量的强大入口之一。

　　当然，我们也会像前面例子中的游戏借助微信一样，我们会在流量比较集中的旅游类网站，如携程、去哪儿、蚂蚁、途家上面上线我们的隐墅产品，从这些网站上进行引流，扩大我们的消费者群体，吸引消费者的参与。无论承认不承认，现在隐墅行业的绝大部分流量入口还是在这几大网站上，把握这些网站，呈现好的内容，也就成了隐墅必须要做的一步。

　　甚至，我们还会通过联系自媒体和媒体来进行报道，将一些隐墅打造成网红隐墅，也就是在网络中有着超高人气的热点隐墅。现在是网红经济的时代，如果能用爆点和趣点引发网络中人们的广泛参与，那对于流量的引入就是受益匪浅的事。

　　综合来看，隐墅不是自己努力了，自己投入了情怀就能产生效益的，它也需要流量作为桥梁。而流量又主要来自于口碑传播、免费体验和线上的各大网站等，有了大的流量，才能有好的订单转化率，这是商业中从未改变过的逻辑。

YIN SHU
MO SHI

05 隐墅模式怎么玩？

> 对于消费者来说，隐墅模式真的是一个乐趣横生的所在。在乡村做隐墅庄园，在城市做隐墅禅意生活小镇，不同的产品，相同的气质，不仅可以为不同兴趣爱好、不同玩乐倾向的人找到理想的游乐之地，也能通过众筹众创的方式，让大家参与到隐墅的开发和经营中来，让大家一起玩。

隐墅模式

隐墅共享庄园

共享庄园的概念源起于法国，但这种商业模式在隐墅经营中却正在变得愈加清晰。从我国的乡村宅院情况来看，一边是因为人口日渐稀少而少人居住的乡村宅院，一边是做着"你耕田来我织布"梦的都市消费群体，这种看似不可调和的矛盾，却在国家鼓励实现乡村振兴的大背景下，以隐墅共享庄园的形式完美地得到了解决。

目前，专注于异地不动产管理的斯维登集团已与上海市崇明区港西镇有过签约，力争在当地打造一块共享庄园。其形式是将当地的一些闲置宅基地改造成共享庄园，供个人租赁居住或是对外分享。

共享庄园对于参与的几方来说都是有益的事情。首先，对于原有乡村宅院的主人来说，将宅院租给企业进行改造，不但能获取收益，也能在有游客时售卖农产品，给自己增加持续的收入；对于庄园主来说，不但可以获得改造后宅院的使用权，还会获得一亩农田，可以自己耕种。有需要时，就来到庄园自住，如不自住时，则可共享给别的游客，获得分享的收益；而对于政府来说，不但使闲置的乡村宅院问题得到了解决，减少了资源浪费，也有利于当地的民宿朝品牌化品质化的方向发展，为探索农村宅基地的改革提供了机遇。

05 隐墅模式怎么玩？

共享庄园基于共享而打造。在港西镇的共享庄园建造中，斯维登集团旗下有3个子品牌都有参与，由此形成了上下游闭环。例如，途远负责最开始的老屋改造，欢墅提供改造后的乡村宅院的运营托管服务，途礼则为当地的农特产品提供电商售卖平台。

共享庄园走出了一种宅基地所有权、资格权、使用权"三权分置"的新模式，落实了宅基地的集体使用权，保障了宅基地农民的资格权和农民房屋财产权，也盘活了宅基地的使用权。这几乎可以说是2016年中央提出的深化农村产权制度改革、明晰农村集体产权归属、赋予农民更充分的财产权的有力实践。也可以说，共享庄园给乡村振兴战略提供了一个很好的途径，一方面盘活了乡村闲置资源，满足了乡村旅游市场需求，另一方面又为当地提供了就业机会，刺激了当地的经济发展。

不过，从整体模式上来看，共享庄园和我们的隐墅有着诸多相似之处，但共享庄园的有些独特做法也值得隐墅借鉴。因此，隐墅共享庄园就成了我们未来的主流模式。

在我们已经开发的隐墅中，共享庄园的影子已经很清晰了。就像温州西部的山区，遗留下来很多老宅。在没有开发之前，这些老宅虽然破旧，但与自然融合得却很精妙。老宅、村舍、青烟相映成趣，高树、低柳俯仰生姿。如果将其建成隐墅，作为都市人闲暇乡村旅游的目的地，带上儿女，邀上三五好友，一同呷上一口青茶，绝对是一种人生乐趣。

正是看到这种得天独厚的休闲优势，我们与老宅所在的东坑村政府达成了构建隐墅的协议。在对东坑村整体环境考察过后，我们决定在相对保存完整的东坑村原有生态风貌的基础上，挖掘东坑村生产与生活中的特色，依托这里天然的地理优势和地域特色，打造一个"以记得住乡愁"为主题的隐墅，因此我们给东坑村取了一个诗意的名字：白鹿奢乡生态艺术村。

隐墅模式

白鹿奢乡生态艺术村

之后,我们和村委会达成协议,签订了23幢老宅作为隐墅开发用房,采取租赁改造的方式,对这些闲置农房进行改造,使之旧貌换新颜,成为一幢幢独具特色的隐墅。

项目的第一个改造点"蜜苑"于2016年年初动工,当时村中正在铺设古道,车辆无法进入。老屋改造的一砖一瓦都只能由人力运送进行。虽然辛苦,但也使老屋最大限度地保持了原生态的特色,精致而又雅趣。现在在这幢隐墅中,满眼的都是原生态的装饰,很多家具和装饰都是古时候流传下来的,很多传统的民俗元素也体现在各个环节里,让游客们仿佛置身于一幢清末民初的原生态建筑中。

"蜜苑"的主人夏旗很喜欢这样的格局,他说:"参与隐墅开发也是一种情怀的指引,我本人是藤桥民俗博物馆的负责人,也是古家具的收藏爱好者。在装修中,我们就刻意地融入了很多原生态的、古朴的东西,希望通过传统与现代的融合,给有情怀、重乡愁的人一种新的体验。"

05 隐墅模式怎么玩？

蜜苑·隐墅内景

事实也证明，"蜜苑"非常受来此游玩的都市人群的欢迎。推开篱笆小门，走进蜜苑，你能见到绿色的盆景屏风、石头砌成的矮墙，阳光下的秋千椅，就好像前世的所有记忆，在这一刻都有了灵气。房间里，古朴的木质家具，加上柔和的现代灯光，这种不一样的质感也能让人浮躁的心瞬间变得宁静。坐在院子里，静看远山，静听溪水，更是人生一种不可多得的享受。

隐墅模式

蜜苑·隐墅外景

继"蜜苑"开放以后，我们也加快了对其他隐墅房屋的开发，结合东坑村独有的民俗、戏曲、美食、传说等，将每一幢隐墅打造出不同的风格，做到"一隐一品"的个性化隐墅，符合现代人乡村旅游的潮流。我们要的就是带给都市人一种不同的乡村生活方式，激活人们对乡村的记忆，并在这个生态文化艺术村中找到心灵的归属感。

除此以外，我们也将加强对东坑村的基础设施建设，拓宽主干道，改造护栏，修葺古道，同时也将衍生出"奢乡·乡村农俗体验""奢乡·乡村酒吧""奢乡·乡村民宿群落""奢乡·乡村农家乐""奢乡·乡村民俗节庆"等高端、精致、富有特色的集群，推动乡村旅游从观光式到深度体验式的转变，让消费者获得精神满足的需求。

将来，我们还会在隐墅中融合更多共享庄园的元素，除了力争给游客带来更好的体验外，也力争更大程度地为当地农民带来收益，为当地经济带来成效，通过隐墅共享庄园的关联效应，壮大农村的三产发展，实现乡村振兴。

隐墅艺术生活小镇

在中国传统文化中,禅是最让人心驰神往的。从某种意义上来说,禅是一个很好的隐墅主题,禅生活也是很大一部分族群人士向往的生活境界。

因此,我们一直希望创造一个禅意生活小镇,做一个隐墅禅意生活综合体的概念。也即,打造一个充满禅文化气息的隐墅艺术生活小镇,弘扬禅文化,让禅融入都市人的生活,给来此旅居度假的都市人一种洗净心灵、回归自然的感觉。

在中国众多的佛教胜地中,无锡灵山小镇有着得天独厚的优势,又独具乡村旅游的典型特色。这儿向来以"净空、净土、净水"而著称,空气清新、环境优美,而且又背靠中国佛教胜地——灵山大佛,可谓得尽天地之灵气,尽显禅概念的本来意旨。

无锡灵山有一个古老的传说,说的是佛祖曾在灵山会佛时,拈花以展示会众,当时与会之人都不明所以,只有大迦叶兀自微笑。佛祖于是说:"吾有正法眼藏,涅槃妙心,实相无相,微妙法门,不立文字,教外别传,付嘱摩诃迦叶。"于是,佛祖将法门付嘱大迦叶,禅门由此而始。

得益于这个传说,禅意生活小镇最终得名于"拈花湾",昭示的是佛祖对禅的参悟。不仅如此,整个小镇也特别应了这个典故，其外形就如同佛祖正在手指拈花。

拈花湾禅意生活小镇以禅意为主题，充斥着各种禅元素、禅思想。禅意小镇的主入口是云门谷，含有跨过云门谷，便从俗世进入了禅境的意味。小镇的中心位置是拈花塔，为一座四方五层的唐风木结构楼阁式佛塔，站在塔下观日出看夕阳，自然能带给人一种虔诚的感觉。小镇的会议中心半圆形的设计也暗合佛家"抱缺"的禅意。

当然，禅意生活小镇少不了的是它的隐墅空间，每一间既不同又相同。不同的是各个空间都是风格迥异，相同的是禅的味道，每一个空间都有一个禅文化的内涵。

例如"萤火小墅"，厅堂中有茶室，庭院中有禅室，将禅与茶巧妙地结合起来，让人油然而生一种心灵更纯粹的感觉。每逢节假日，如果邀上三五好友来到这里，大家围坐一隅，煮一壶清茶，修一烛禅意，就好像一下子回到了陶渊明般的归园田居。

再如"一花一世界"，墅名取自佛语"佛土生五色茎，一花一世界，一叶一如来。"这是一幢独栋四合小院，门前花团锦簇，阳光经过时总会留下斑驳花影。隐墅里，一面团扇、一颗旗袍纽扣、一把藤椅、一盏古灯、一把金锁、一顶斗笠、一方禅石、一双草鞋，诠释着生活的雅致和禅的神韵。

来过拈花湾的都市人都很容易被这里的禅生活所吸引，晨钟暮鼓，禅音佛声，这些平常在都市中好像与我们相隔千里的意境，在这儿却像是停留在了时空里，成为了生活的一部分。也是在这儿，都市人可以体验到独有的归隐田园、沐手烹茶的慢生活。

当然，拈花一笑的美妙背后，是建造者的千日之功。但总的来说，禅意生活小镇开拓了中国旅游的一个新领域，隐墅的一个新方向。这种关乎心灵的度假胜地，也必然会引起更多都市人的向往。

众筹：隐墅时代，众筹一个田园栖居的梦

隐墅正在成为乡村振兴的超级IP。最重要的一点是，在隐墅开发的过程中，我们适时地引入了互联网思维，采用众筹众创的方式，立足民间的资金优势，真正地盘活了隐墅的开发进程。

以大罗山盘云谷文化创意村为例。在这里没有成为隐墅之前，只是一个破败的小村落，盘垟村在政府的规划中，甚至是一个待搬迁的村落。但是因为安置政策处理难、安置点选择难等多方面的因素，盘垟村的搬迁规划一直难以进行，同时也影响了大罗山的整体规划建设和开发进度。

盘云谷隐墅远眺

隐墅模式

后来我们发现了盘垟村的隐墅优势，在开发的过程中，我们一致认为众筹的模式是非常可行的。众筹作为互联网的产物，指的是用预购的模式，向别人募集项目资金，也就是大家凑份子，来干一场你想干的事业。在互联网中，众筹的"团购+预付"模式式让无数玩家大呼过瘾。众筹玩家通过向网友募集项目启动资金，项目启动后陆续回馈粉丝产品、服务等实质内容。在这个过程中，项目方不仅解决了资金问题，也获得了大量公众的参与，提升了自己的知名度，对于隐墅来说是非常合适的。

因为大罗山的旅游资源既丰富又分散，众筹时我们将盘云谷隐墅文化艺术村分成了57个小项目，吸引57个人参与众筹的隐墅主人投资，设置比较低的门槛，正好成为众筹的基础。

在众筹中，我们推出了很多不同的产品，例如微享一号、优享一号、畅享一号等等。这些产品刚刚上线众筹时，立即引起了轰动，很快就在民间资金中筹集了2000多万元的资金。因为这些众筹资金的注入，盘云谷的项目很快就启动了起来。盘云谷初期的37幢隐墅只用了两年时间就正式地推向了市场，这是一个让人惊叹的速度。

现在，盘云谷的57幢隐墅，就有57个主人，其中有很多都是当初众筹的参与者。每一个参与众筹的人也都获得了他们实实在在的回报。

在盘云谷之后，我们又开创了更多的众筹产品，例如会享一号、福享一号、嬉享一号、农享一号等，每一个产品有不同的众筹额度，投资人也能取得不同的回报。在隐墅被追捧的当下，我们的众筹模式也正在迅速推广开来，吸引了公众极大的参与热情。我们要的，不是投资者，而是中国式的合伙人，让每一个原本不可能拥有隐墅的人，都可以拥有一套隐墅，都能通过众筹，成就自己的田园栖居之梦。

05 隐墅模式怎么玩？

如果你是一个田园生活的爱好者，如果你想轻松地经营一家自己的乡村民宿，如果你想找到志同道合的人一起去玩，如果你是一个有情怀的追梦人，你都可以通过众筹加入进来，和我们一起，打造一个属于自己的隐墅时代。

众创：大众创业，万众创新

我们开启的隐墅众筹模式，其实也是一种众创的模式。众创就是要让社会各界参与到隐墅的建设中来。

这是一个大众创业，万众创新的时代。李克强总理曾做出重要批示："坚持以大众创业、万众创新拓展就业空间，以服务业、新兴产业加快发展扩大就业容量。"众筹模式作为一种公众广泛参与的模式，降低了创业门槛，同时也让普通公众能参与到项目的开发、设计中来。不失为一种非常有效的众创方式。

互联网中，京东曾发起创立过"众创学院"，以扶持更多有梦想的创业者，并辅以成功的创业经验。其实隐墅也是一样，我们提供的众筹众创，其基本目的也是要扶持有情怀的创业者，并且在他们有意涉足隐墅建设和装修的过程中，我们会将自己的成功经验倾囊相授，并给予他们利润分成。

还以大罗山盘云谷为例。盘云谷的亮点是文化艺术，这里现在也是艺术家生活和休闲的聚居地。我们在开发盘云谷时，就在坊间推出了一个"寻找中国合伙人"的启事，招募民间投资者，在投资到一定金额以后，投资者就可以成为隐墅的主人。这个活动吸引了很多人的参与，现在的盘云谷隐墅主人中，有的是夫妻，有的是工作搭档，有的是闺蜜，还有的是恋人，总之，他们来自于社会的各个层面，但都有一个不变的乡村旅游梦想。

05 隐墅模式怎么玩？

投资以后，投资者可以对自己的隐墅提出自己希望达到的装修风格，之后这些隐墅主人们完全可以成为"甩手掌柜"。策划、设计以及经营管理都由我们隐墅公司来承担，装修和后期经营所产生的费用，也都由隐墅公司买单。也就是说，盘云谷的合伙人，只要在初期投入了50~100万元，成为隐墅的主人外，只需要提出自己想要达到的风格，其他一切事务都可以由我们的成功经验来作辅助打理，不需要投资者再投入任何费用。

而我们推出的另一款众筹产品豪享一号，则可以让投资者直接取得收益。豪享一号是由隐墅公司将自己子项目股权的一定比例拿出来，向社会募集资金，每15万元一股，每人最高不能超过总股的10%，但可以享受一定比例的保底权益，投入资金获得项目股权的人，可以成为项目真正的股东，享受公司经营的分红以及每年多次的隐墅免费使用权。

众筹众创，可以说是打破了中国民宿传统的经营方式。在我们之前，民宿都是投资者一揽子做下来的，不仅门槛高，而且很难顾及到公众的需求。而众筹众创则不然，众筹众创让以前那种高门槛分散的天使投资变成了一种全民参与的聚焦模式，极大地改变了以前以产品为核心的投资理念。在众筹开创的崭新的商业格局中，创始人和产品背景，甚至商业计划书、盈利模式、股权支付都退而求其次，它使公众能与项目发起人平等地进行交流和探讨，甚至对创意进行优化，不仅能使项目更符合大众的胃口，也让自己的赢利变得更加现实和可靠。

共享：大家一起玩，顺便赚点钱

在隐墅人众筹和众创中，我们也会体现共享的理念。我们讲究的是"大家一起玩，顺便赚点钱。"

隐墅众筹的对象，自然地聚集起来的都是有旅游情怀，有文创梦想，有创业想法的人，这么多人聚集到了一起，我们要做的就是带领大家在玩乐中去赚钱。让赚钱不再是一件辛苦的事，有的时候它也会很轻松，只需要你找好了项目，做一些投入，就可以一边玩，还一边有钱赚。

那么，在隐墅的众筹众创中，投资者可以怎么玩呢？这里，以我们推出的众筹产品来做具体描述。

微享一号

微享一号针对的是有情怀、有梦想、热爱小资生活的隐墅爱好者，只需要一次性投资20万元，就能拥有自己的隐墅，大小为一室一院一厅。众筹成功后，投资者可以自己随便玩，做甩手掌柜，我们会全程为投资者提供策划、设计、装修、管理等服务，投资者也享有隐墅全国交换入住的权益。

悠享一号

悠享一号针对的是那些有情怀，且热爱田园隐居生活的人，并且这些人希望自己能成为隐墅的主人，愿意自己独立经营一幢隐墅。悠享一号的起投额是100万元。投资者在投资完成以后，

05　隐墅模式怎么玩？

我们免费给投资者提供各地乡村农房以及物业服务，营销推广、设计装修等服务，最后由投资者负责独立经营，我们共同合作，共享收成。同时，投资者也享有隐墅全国交换入住的权益。

畅享一号

畅享一号针对的是有田园栖居梦想，但又苦于自己没时间经营或去打理一幢山间隐墅的人群。畅享一号的起投额为一次性投资100万元，就可以轻松拥有一幢属于自己的隐墅。投资者投资成功以后，就可以真的随便玩，做完全的"甩手掌柜"，隐墅的具体事务，从策划、设计、装修到管理都交由隐墅公司来打理，公司从营业收入中收取管理费，投资者只需"坐享其成"就可以了。当然，投资者也享有隐墅全国交换入住的权益。

在盘云谷项目中，投资畅享一号的刘可正是土生土长的农村人，后来他生活在都市，却时时怀念童年时的大山和田野，总想买下一幢乡村房子，成为大山里的梦想家。可是在盘云谷之前，刘可正的梦想一直没法实现。直到盘云谷的推出，隐墅和他的想法便不谋而合，刘可正也顺利成为畅享一号的投资者，也正是因为这次投资，才有了梧桐·墅的诞生。现在，刘可正的梧桐·墅可谓一床难求，他的隐墅也为盘云谷创造了15%的营业额。

会享一号

会享一号针对的是那些活跃协会、商会、同学会、战友会或是俱乐部的主理人，并且他们希望拥有一个可以做活动又能产生收益的俱乐部。在会享一号中，投资中的起投额为150万元，投资成功后即可拥有一幢自己专属的隐墅。

在会享一号中，隐墅的策划、设计、装修和管理都由隐墅公司负责。隐墅公司会返回投资者每月不少于1%的投资收益，且享有隐墅全国交换入住的权益。同时，因为会享一号针对的是协会等等，各协会的会员也可以享受隐墅公司隐墅项目的折扣优惠。

福享一号

福享一号针对的是那些希望在老年时隐居乡野,能够找回童年时的乡愁与留恋的人。福享一号的起投额为50~100万元。投资者投资成功以后,就能拥有一间自己能够长期使用的田园栖居房。而多余房间都可以交由隐墅公司来打理,享受每月1%的保底投资收益。同时,也享有隐墅全国交换入住的权益。

嘻享一号

嘻享一号针对的是儿童培训机构、教育机构、幼儿园、家委会等拥有丰富儿童资源的主理人。嘻享一号的起投额为100万元,投资成功后,就可以拥有一幢亲子隐墅。同样的,策划、设计、装修和管理都由隐墅公司负责,在商业开发中则和隐墅公司一起合作,共享收成,而且享有隐墅全国交换入住的权益。

农享一号

农享一号针对的是那些有自有农房的村民,只要他们愿意将自己的农房交由隐墅公司来打理,就算是投资成功。投资成功以后,隐墅的开发设计等由隐墅公司负责,投资人则可以获得该幢隐墅的营业额分成,并享有隐墅全国交换入住的权益。

"大家一起玩,顺便赚点钱"是隐墅公司在众筹众创中的核心理念,普通人只需投资不同额度的资金,就可以轻松成为隐墅主人,并且不用管理经营就能享受收益的分成,真正地体现在玩乐中赚钱的宗旨。

YIN SHU
MO SHI

06 开辟乡村振兴的隐墅时代

在乡村振兴战略刻不容缓的今天,隐墅模式成了乡村振兴战略既现实、又有效果的一种方式。在乡村振兴战略中,有很多原本看起来难以解决的问题,在隐墅模式中都能得到很好的解决,政府和企业,市民和农民,所有权、承包权和使用权,乡村和都市,也能在隐墅模式的牵引下,做一个无缝的对接。

让闲置的农房不再闲置

随着我国城乡一体化建设的推进以及城镇化速度的加快，我国的农村人口比例大幅减少，但与之相对应的却是农村宅基地的使用面积却不降反增。造成这种情况的重要原因，就是农民的闲置房得不到有效的利用。

如果任由乡村的农房闲置，出现的问题是多方面的。现在我国二三线城市的一套房子，其市值就可能达到几十万，而乡村的一些农房，却因为没有合适的交易渠道，只能闲置在乡野，无法产生价值。这实际上，造成的是一种权利的不平等，也让城市居民和农民的收入产生了较大的差距，拉大了社会的贫富分化。

乡村闲置房的增多，也是对土地资源的一种浪费。这与我国提倡的节约土地的政策是不符的。而且，农村普遍有"建新不拆旧"的传统，修建了新房，老屋不会拆掉，而是任由它受风雨的侵袭，慢慢地破旧毁坏，这也是一种对房屋资源的浪费。据我国国土资源局的统计，我国农村现在有高达7000万套的闲置农房，如果按照每套闲置房以出租的年租金5000元来计算，中国乡村闲置房浪费的价值就高达3500亿元。

而实际上，农村的闲置房是可以得到有效利用的。它与都市人的需求有着本身的契合点：要看得见山，望得见水，记得住乡愁。都市里的每一个人都有乡愁的基因，这一点是我们精神的需要，而留住这些老屋，使其发挥出应有的价值就是留住我们乡愁的一种体现，它能留住我们精神内涵的东西，我们的审美，我们的价值观。

在隐墅模式没有出现之前，都市人希望来乡村旅游，希望找到自己乡愁的根不可得，而农村的闲置房想要变废为宝，也没有恰当的途径可选。乡村想要吸引游客，却留不住游客，都市人想要体验乡村生活，却无法满足。虽然我国已经有一些对闲置房重新利用的尝试，但如果是农民自己改造闲置房，一来是建房成本高，投入大，二来是改造后的房屋也未必符合都市人的消费需求。这样看来，隐墅模式无疑是一个既高效又合理的绝佳实践。

隐墅模式致力的是对古村落和乡村房屋的保护，同时隐墅模式会对这些破败的房屋进行修复、设计和改造，提升它的品味，在保护的同时也对古旧房屋进行了很大程度的"活化"。让这些闲置的农房真正得到了有效的利用。并且在设计过程中，隐墅模式会将现代流行元素和乡村的传统元素有机地结合起来，打造出一个个极富创意的生活社区，让乡村的农房重新焕发出勃勃生机。

就像大罗山盘云谷的隐墅，以前那些闲置的房屋，经过改造以后都变成了时尚的民宿，古村的文化得以保存，古村的经济也得到了持续性地发展，整个村子又重新变得富有生活气息了。

中共丽水市委原书记张兵说："修复老屋就是修复人心，应该全域推进传统村落保护发展和拯救老屋行动。""留住传统村落，留住老屋，就是留住乡村振兴的根和魂。"而我们的隐墅，就是对上述感言的最好诠释，也是将乡村打造成诗画田园的有力佐证。

隐墅模式

让丢失的文化再度复兴

乡村，是我国传统文化的"源头"，是农耕文化的"载体"。

但在全球经济化的浪潮下，很长一段时间以来，社会出现了单纯追逐经济发展的态势，很多乡村人进入城市，使得乡村缺少生力军，出现了一大批"空心村"，随之而来的是那些原本流淌在乡人中的乡村文化也在逐渐衰败凋亡。

乡村的文化在消失，乡村的历史在没落，这与都市人要寻求的乡愁记忆是全然相悖的。在乡村旅游的崛起中，很多都市人来到乡村旅游，为的就是找寻那片萦绕在心间的"乡愁"，而如果乡村文化丢失了，这种乡愁的灵魂也就没有了，那就更谈不上乡村旅游的繁荣和发展了。

当人类走到文化自觉的阶段时，人类就会有一种文化保护的意识。在中国的传统村落里，有我们民族的记忆和精神传统，有我们民族的价值观，如果能够让这些丢失的文化得到再度振兴，对于所有人来说，无疑都是一件极有价值的事情。

隐墅模式与其说是一种改造，不如说也是一种传承。在隐墅的开发中，注重的不是用现代化的东西去覆盖传统的东西，而是着重于将传统的东西用现代化的形式包装出来，使之焕发出新的活力，让都市人能够轻易地找到自己心中的那种文化基因。

让丢失的文化再度振兴，我们的隐墅模式可谓做了大量的工作。我们推出了中国隐墅乡土复兴计划、中国隐墅文化提升工程、中国隐墅乡贤回归工程、中国隐墅乡村慈善计划、中国隐墅艺术振兴乡村计划。每一项工作我们都着力把乡村中原有的文化特色提炼出来，重新包装，使其焕发出新的神彩。

在已经成功建设的隐墅中，我们都很容易能看到这样景象。村口大树如盖，路旁花草如茵，大山青翠欲滴，溪水环村清流，一幢幢极富当地特色的隐墅点缀其间，这是一种原生态的村落风貌。而存在于其中的具有传统文化特色的东西更是数不胜数，传统的农具、建筑特色、节庆活动都被最大限度地保留了下来。

例如丽水市的云上平田。在这里，土墙建筑是当地较有代表性的一种建筑风格，也是浙西南原生态建筑文化的活化石。因此隐墅都保留了这种土墙建筑的形式，是一种对传统建筑文化的传承和保护。在隐墅的就餐环境上，也以本土的饮食文化为根本，以个性化就餐环境为依托，通过现代方式的打磨，让消费者吃得传统，吃得放心。

除了旧房改造，乡村中原有的戏台、祠堂、庙宇、石桥、古井也都很好地进行了改造和保护。有的是以露天博物馆的形式存在，有的是以隐墅中的一个景点开放。我们会深入地挖掘乡村中原有的文化基因，通过对原生态村落进行整体的规划，将原有的物质的、非物质的文化基础都变成村落里最闪亮的发光点，让隐墅村落变成一个活的博物馆。隐墅模式正在做的，就是修复一个村庄，修复一种传统的生活方式。

隐墅模式

让乡村的产业重新构建

我国实施的乡村振兴战略,其目的是要做到农业强村,做到村美民富,是要让农村的经济发展起来,实现产业兴旺。

过去,我国现代化的程度不断推进,但农业在国民经济中的比重却是呈不断下降的趋势,我国的第一产业在国民经济中的比重已经降到了9%以下。同时,农业机械化程度的提高,也让需要直接从事农业生产的劳动力越来越少。我国的广大农村,如何给农民带来增收的渠道,避免乡村出现进一步的空心化和老龄

松阳云上平田之木香草堂

化，就成了我国经济发展的一个关键问题。

从全球范围内来看，乡村如果只是有农业，经济的发展是非常困难的。这就需要乡村能够将农业和其他产业结合起来，才能走出一条产业强村之路。

近年来，我国的农村涌现出了一些新兴的业态，例如做电商，让农业产品的附加值得到提升，再例如发展规模化的养殖，也吸引了一批人回到乡村创业，但这还远远不够。相对的，隐墅模式却带来了一个更好的契机，能够重新构建乡村的产业，将乡村产业真正做大做强。

隐墅模式中的产业构建是多方面的。隐素就是乡村生态产业的构建者，包括有机种植、农产品包装等。通过打造隐墅，吸引都市人来到乡村游玩，在这个过程中也会有力地带动当地休闲农业、农特产品、休闲养生产业的开发，并带动乡村节庆活动、文化艺术、民俗活动、户外活动等产业的发展。构成乡村的生态圈聚落，活化乡村，激活人们对乡村的记忆。

例如隐墅模式中的休闲观光产业，主要有农家体验项目、风景观光项目等。农家体验项目可提高游客的参与性，增加观光农业游览的趣味性，可吸引长期身居闹市的城市居民进行包括采摘、种植体验、果树、花卉、动物认养、纪念树、亲情树、水上垂钓、才艺表演、自助式农家乐等活动。风景观光项目则可以依托风光旅游资源，挖掘资源景观价值，提高园区美景度，吸引游客在园区休闲观光，包括风光摄影大赛、写作大赛、田园风采、水上游览、花园果园观光、农业设施游览等。

再如，在隐墅基础上发展起来的隐素和隐墅学院，也都讲究乡村的产业重构。

在对待乡村农特产品时，我们就非常强调农特产品的策划、包装、电商和公共品牌塑造。例如"丽水山耕"品牌，就搭建了

隐墅模式

一条服务于丽水农特产品的全产业链公共服务平台,让丽水完成了从"山景"到"钱景"的模式创新。

  这些配合隐墅建立起来的产业联动有力地改变了原来乡村产业只有农业的单一局面。同时,提供的农家直采、农业体验等也将农业和新型产业巧妙地结合了起来,重新构建了一种乡村产业的新业态,拓宽了农民的收入渠道,也提升了乡村的整体经济效益。

让都市人享受第三时间

第三时间是相对于第一时间和第二时间而言的。第一时间可以说是我们在家里生活的时间,也就是我们和家人相处,陪伴家人的时间。第二时间则是我们在办公室的时间,也就是我们和同事相处,合作开展工作的时间部分。

在第一时间和第二时间之外,我们还有一个第三时间。这是我们与自己相处、与朋友相处、与天地相处的时间部分。

在现代生活之中,我们可以发现,在这三个时间部分中,我们的第一时间和第二时间相对比较稳定。然而当我们成家立业,有了一定的经济基础之后,我们就会发现,如果我们只是把明天过得像之前的一天一样,我们的生活就会失去诸多乐趣。我们心中对于和自己、和朋友、和天地相处的渴望就会变得无处安放。这个第三时间是用来享受的,用来洗涤心灵的,然而我们却不知道如何安排,如何给生活增姿添彩。

也许有人会说,我有第三时间啊。我的第三时间就是去商场、去超市购物,或者是和朋友家人一起在KTV里唱歌,或者是出门旅行,住在奢华的宾馆,吃在昂贵的餐厅。但是这样的第三时间的安排,我们却很容易地发现我们在短暂的喧闹过后,心灵并没有得到释放,内心仍然是空虚的。

其实,我们在第三时间里能做一个更好的安排。就像一位茶

隐墅模式

艺老师的经历。她有个非常可爱的孩子,她平常会花费很多时间陪伴孩子,给孩子正确的引导。但在有空闲时,她会独坐在自己的一方茶室里。早晨,她会在院中折一些花枝,根据时令的变化来更替茶室中的鲜花。午饭后,她会烧一壶水,听那噗噗的水声。再者就是,在茶室中布置一个茶席,享受茶韵,听自然的水流声和雨声。在这样的时间中,她的心是宁静的。虽然老师年岁已高,但岁月在她脸上留下的却是被时光眷顾的铅华。

阅读、静修、田园栖居才是最好的第三时间的安排。在这样的第三时间中,我们的心情会释然,我们的精神会被静谧安放,我们会从疲惫喧嚣的都市生活中剥离出来,升华我们自己的境界。

在这种情况下,隐墅就成了一个很好的享受第三时间的处所。隐墅的每一栋房子都带有一个大院子或者大阳台,为你提供最大范围享受自然的空间。躺在椅子上,闭上眼睛,感受微风的微凉,感受阳光洒在皮肤上暖暖的触感,耳边是鸟儿的啼唱,让自己的脑袋放空,很舒适,很惬意。或是约上三五好友,围坐在一起,唠嗑嬉笑,把积压的所有负能量都随着笑声与好天气一同扔得远远的。最好的朋友在身边,最爱的人在眼前,天空了蓝的像是一块超大的水果糖,白云糖疏疏落落地缀满我们的头顶上方。

你看,所有的幸福因素都在隐墅。这就是,隐墅给繁忙都市人缔造的留白——第三时间。

隐墅模式，让每一个乡村都可以得到振兴

2013年7月22日，习近平总书记赴湖北鄂州城乡一体化试点的港镇峒山村考察，在与部分村民亲切座谈时指出，实现城乡一体化，建设美丽乡村，是要给乡亲们造福，不要把钱花在不必要的事情上。他还特别强调，城镇化要发展，农业现代化和新农村建设也要发展，同步发展才能相得益彰，要推进城乡一体化发展。

从2013年起，建设"美丽乡村"就频繁出现在中央文件中，要求各级管理者"开展村庄人居环境整治，加快编制村庄规划，推行"以奖促治"政策，以治理垃圾、污水为重点，改善村庄人居环境；制定传统村落保护发展规划，抓紧把有历史文化等价值的传统村落和居民列入保护名录，切实加大投入和保护力度"，全国各地再次掀起建设美丽乡村的浪潮，"美丽乡村"建设已成为中国社会主义新农村建设的代名词。

从实际发展的意义上来看，隐墅模式正是打造美丽乡村的新型方式。例如松阳云上平田慢生活村，这里虽然文化古迹丰富，但以前却是一个破败的山村。隐墅模式的到来，彻底改变了这个村庄。我们以乡村特有的"慢生活"为主题，规划出一个集住宿、餐饮、会务、休闲为一体的综合隐墅群，一下子使原来沉寂的山村变得"高大上"起来，有人甚至直言"差点不认识这个村

子了。"

中国地貌形式多样，文化内容丰富，如果细究起来，每一个村子其实都有有别于其他地方的本土元素，这些元素都是隐墅模式可以大力弘扬出来，与都市人群的消费合为一体的。因此，每一个村庄都有成为隐墅的基点。隐墅，不是现在已经成为隐墅的一些村子的专利，经过合理的改造，任何一个村子都可以成为都市人向往的隐墅。

我们的愿景也是，将隐墅模式推广开来，让每一个乡村都可以得到，都可以发展，都可以成为美丽乡村。

YIN SHU
MO SHI

07
用我们的眼界，改变他们的视界

经过努力，现在我国已经出现了很多成功的、有代表性的隐墅项目。它们既是先行者，也是后进者的带动者。它们的成功经验和经营特色，正是后续开发的隐墅项目最需要的和最值得借鉴的地方。

隐墅模式

盘云谷文化创意村

盘云谷文化创意村是我们较早推出的一个隐墅项目。2013年，盘云谷文化创意村开始投建。彼时，国务院办公厅刚刚发布了《国民旅游休闲纲要（2013-2020年）》，其中，落实《职工带薪年休假条例》对上班族们来说无疑是一道福音。同时，纲要中也提出了要加大对旅游休闲基础设施加大政策扶持力度。因此，《纲要》的发布，使乡村旅游业也迎来了新的发展机遇。

盘云谷鸟瞰图

盘云谷文化创意村坐落的大罗山，乃神话传说中的玄门圣山，相传为鸿蒙元气所化，山中森林茂密，绿树青翠，风景绝佳，自古便是人们休闲旅游的好去处。大罗山中的盘垟村，平均海拔630米，总占地约5000亩，有蟠台阁和里垟两个自然村。盘垟村同样历史悠久，据记载，约明朝中期前这里就有人居住。在盘云谷文化创意村没有开发之前，这里留有古朴的石屋57间，因为大部分山民都已迁居山下，其中有一大半都是废弃的。很长一段时间内，盘垟村都躺在有"天下第二十六福地"的大罗山中半梦半醒。

在此之前，我们曾将眼光瞄向整个温州，认为在温州打造一个以保护传统民居和相应自然资源为主，在此基础上形成民居建筑游为主体，传统民俗和自然风光为辅的文化产业开发及立体式旅游项目在温州这样一个经济发达的地区是完全可行和必要的。

而我们在考察过盘垟村的民居建筑后，认为这里的石墙民居建筑内部采用传统的中国框架结构，外墙采用当地石材装饰，使得整个建筑呈现出古朴稳重的原始风格、线条简单粗犷、装饰元素简单大方等特点。这些民居建筑形成的村落，无论是道路还是院墙，或者是一些生活用具，甚至是屋顶，都用当地特有石材铺成，整体效果如同置身古堡，其效果甚至可以和欧洲一些原始石墙民居建筑相媲美。

而且盘垟村的环境，四时花卉，翠竹流水，且地处盆地，加之温州特有湿润的天气特点，常有云雾笼罩，有蓬莱瀛洲之状。历史与自然、福地与文化相结合，从自然和人文的角度来看，都具备打造文化产业项目的可能性。这个项目得名盘云谷，也是基于这里常有云雾的考虑。

在投建之初，我们便考虑将这个项目建设成一个以大罗山自然风光为基础、以文化艺术为亮点、建筑保护为核心的文化产业开发及旅游项目。

隐墅模式

由于大罗山古村落石墙民居原始古朴的特点，在内外装上除了贴近自然外，和中国传统民居最大的区别在于外装并无多少中国传统等级制度的影响，从外观上看，如果把大罗山比作欧洲的阿尔卑斯山，那么大罗山古民居更像是阿尔卑斯山上的乡村旅店，于是我们决定走一条在风格上不同于其它古村落开发的乡村度假旅游产业和文化创意产业相结合的道路。

因此，在不破坏原有外立面和村落环境的前提下，通过对大罗山原有古村落建筑群外立面的加固和改建，除少量保存完好的内装，将一些已经被破坏的内装通过设计重新装修以达到内装现代、休闲、采光充足等特点，整个装修风格偏现代、简约，建立一个与现代都市人群生活方式相匹配的文化创意村，在此基础上结合大罗山的自然景观，打造出一个属于温州本土的文化艺术新天地。

在项目成功运营的同时，周边原有居民既可通过项目衍生产业经营，如土特产品加工和销售等增加收入，也可通过旅游项目的入股分红增收。

因此，"盘云谷"项目的成立，既缓解了市场对需求远大于供给的矛盾，也带动了整个大罗山地区的旅游休闲观光产业，提

盘云谷隐墅·云深处

升了大罗山自身文化品味，促进了原有民俗旅游向文化旅游产业转型，同时推动了温州地区旅游市场的可持续健康发展，间接促进了温州生态园成为未来温州大都市空间结构的核心。

57幢石头屋，是盘云谷创意文化村的亮点，我们在保留原有建筑风貌的基础上，由不同的设计师对每一幢石头屋进行精心地修复创建，做到每一幢都有自己的特色，每一幢都和别的建筑有所区分，是一个具有独立特色的个体。

盘云谷隐墅·蝶恋坊

例如寨·水一方客栈，位于盘云谷文化创意村8号。这幢建筑绿树掩映，小桥流水，沧桑古老的石墙下，充斥着低矮的小草，半干的苔藓，能自然地把人的思绪引向时光深处。屋内的装饰，又恰到好处地引入了时尚的装饰理念，做到了古朴中透出时尚。

而在梧桐墅，能看到的则是郁郁葱葱的林木，随时有婉转的鸟儿鸣叫钻入耳内，满眼都是纯正的自然风情。屋内，又是典雅大气的北欧风，没有繁复的装饰，只有平和舒缓的色调，处处给

隐墅模式

人一种自然、高雅、简朴的氛围。

梧桐墅·隐墅

除了对原有民居的改造，我们还对整个村落进行了重新布局和规划，将村子开辟出了艺术家走廊、建筑设计师实验场、文化休闲天地、保健养生广场、户外运动基地、民俗文化基地、亲子互动乐园等不同的功能区。例如艺术家走廊是一个供艺术家在需要远离城市投入自然时所需要的创作基地，这个走廊的创立，大大提升了项目的内在文化，为整个项目的可持续发展奠定了基础，也更加充实了农村休闲观光旅游的定位；文化休闲天地引进当代时尚艺术，结合大罗山人文特点打造原生态音乐艺术广场、原生态影视基地、休闲餐厅、主题酒馆（仿古）、主题酒吧、主题茶吧、主题书吧，可以满足游客的多种需求，也为本地区爱好和追求浪漫的人群提供了一个前所未有的空间。

在活动的设置上，也是多种多样，将逐一打造出大罗山奇石文化节、大罗山音乐节、山居电影节、大罗山露营大会等主题活

07 用我们的眼界，改变他们的视界

动，广泛地吸引各类游客的参与。

现在，盘云谷创意文化村已经吸引了来自四面八方的游客，其知名度也早已鹊起。不仅成为了温州市内一处深具魅力的旅游观光地，也成为了海内八方创意者的乐园。

隐墅模式

松阳云上平田慢生活村

　　松阳云上平田慢生活村，在建成以后有"浙江托斯卡纳"之称，它就像《托斯卡纳艳阳下》的描写一样美好："每天早上被杜鹃叫醒，沿着梯田散步，在葡萄园中歌唱、背诗，随手采摘垂下的李子，品着温和的葡萄酒，尝着带点辣味的绿色橄榄油配面包看书、写作……生活是如此的美好。"

　　松阳云上平田慢生活村位于浙江西南部丽水市的松阳县。松阳县历史悠久，它是丽水市建置最早的县城。在松阳县中，有100多个格局保存完整的古村落。2014年，在松阳，就有50个村

松阳云上平田

落被命名为"中国传统村落",松阳也被誉为是"最后的江南秘境"。

云上平田村就属于这些"中国传统村落"之一,它距离松阳县城13公里,交通便利,海拔600余米,一年365天有200多天云雾缭绕,因此得名为"云上平田"。这里历史文化底蕴深厚,三面环山,村内也有很多古道水系、地貌遗址和古树。平田村民风淳朴,村里93%以上为江姓。

在地理位置上,平田村离松阳县较近,风景也很美。因此作为山地民宿的条件是非常优厚的。早在2008年,平田村就被评为丽水市级农家乐特色村;2015年获评为丽水市第二批农家乐综合体。

在将云上平田进行隐墅化改造以来,它又在2016年获评为乡村民宿特色村;同年被松阳县总工会定为松阳县职工疗休养基地;2016年5月份,我们公司还成立了丽水市首个民宿团支部;同年8月,由钱泳辰、吕一主演的网络大电影《校花的超级保镖之消失的村落》在平田村取景,次月网剧《此遇何因故》也在平田取景。为我们松阳古村落保护和发展线上宣传提供了良好的平台;12月份,我们编辑出版了云上平田内部杂志——《隐宿田园》;2017年策划并开展古村落传统技艺及作品展示的活动;同年被国家旅游局评为中国乡村旅游创客示范基地、丽水市旅游电商示范基地;同年6月,我们又创立了大荒田合作社,更加完善农旅农合的农产品;7月引进扎染工艺、做茶染的研发;8月举办《校花的超级保镖之消失的村落》电影首映发布会;8月云上平田在湖南卫视《天天向上》栏目播出。同年央视《焦点访谈》也专门采访了云上平田。

云上平田慢生活村的隐墅改造在2014年11月启动,由北京绿十字会生态文化传播中心主任孙君老师带领的中国传统村落专家

隐墅模式

委员会副主任委员、清华大学教授罗德胤担任平田村整村旅游规划和传统村落的保护利用规划，同时原清华大学建筑系主任许懋彦，香港大学建筑系主任王维仁，中央美院数字空间与虚拟实验室主任何崴，毕业于哈佛大学的年轻女建筑师徐甜甜等国际大咖团队，为平田做老屋设计改造。同时奥运会鸟巢灯光设计师、清华大学建筑学院院长助理张昕博士负责整村的景观照明设计及室内灯光设计。

一年时间，云上平田破旧的老屋被改造成了农耕馆、艺术家工作室、山家清供餐厅、爷爷家青年旅舍、木香草堂精品民宿、归云居、葫芦居、棋牌、茶室、咖啡吧、书吧、烧烤基地、农耕体验区……2015年年底正式营业。

爷爷家青年旅舍现在被评为是"国内十大最美民宿"之一。这里原来只是一间普遍的两层夯土民居。因为户主是一个老爷爷，所以得名"爷爷家"。爷爷家青年旅舍维持了原来的两层建筑，楼下打通以后成为公共空间，为一个咖啡室，室内放置有沙发和书架，可供附近的人一起使用。楼上改造成为三间小屋，有半透明的阳光板，屋内有2到3米的低床，专门提供给写生踏青的青年人使用。每个房间底部都安装有一组万向轮，入住者可以自己推动建筑，组合空间。爷爷家青年旅舍曾获得全国设计金堂奖，意大利A'Design银奖，2016年7月又获得美国HD Awards民宿大奖，UED中国最美民宿大奖，并参加了在韩国、北京、上海等地举办的设计大展。

平田村的农耕馆也很有名。它由两个南北相邻的房子组面，南边是农耕馆的主体，北边是艺术家工作室，中间是手工作坊。农耕馆中陈列着很多古老的农用工具，同时也极好地展示了传统的夯土墙建筑和它的木结构。设计师在原来的屋顶基础上，增开了天窗，改变了农耕馆的采光结构。2015年，农耕馆获评为

"2015年住房和城乡建设部第一届田园建筑优秀作品"一等奖。灯光设计也获得了英国的Mondo rec杂志主办的Darc award最佳室内照明之低价单元的第三名!

云上平田农耕馆

2016年十月完成的"归云居"后来又成了松阳云上平田又一高端民宿新作,明星股东钱泳辰、吕一夫妇加入古村保护。平田村也成了松阳热门的电影拍摄地,更是成为了丽水首家带地暖的民宿。睡在工作室里看星星,木香草堂里感受传统民宿,归云居里看云朵飘过。在这里您可以吃到有机蔬菜,体验到传统民宿的味道,感受到浓浓的乡愁。清晨,一缕阳光洒进来,是温暖的,鸟语花香,阳光与你同在。傍晚,你呼吸到的不是尾气,而是新鲜的氧气。夕阳西下,再多忧愁,也不过如此。

现在,平田村"处处是景,步步入画"的自然景观环境,吸引了众多的摄影爱好者前来拍摄。在这里拍摄的照片有800余幅在全国各级各类摄影展上获奖。

隐墅模式

石门隐墅庄园

隐墅共享庄园是我们未来的发展方向，而其中的样板，就是石门隐墅庄园。

石门隐墅庄园位于浙江省丽水市莲都区老竹镇石门源村。2018年，我们与石门源村委会签订了50年的开发合作协议。石门源古村历史底蕴深厚，从高处眺望，古村四周都是青山，中间是阡陌纵横的田野，就好像是一个天然的小盆地。村里拥有原始、古朴、废弃的乡村宅院20余栋，这些宅院风格迥异，错落有致，配合着美丽的乡村景致，更显一种自然的古韵。

石门源古村有着天然的隐墅基础。我们也将会对石门源古村

石门隐墅庄园改造前的原始村落

07 用我们的眼界，改变他们的视界

进行创意文化改造，通过租赁古村中的老屋，为其注入全新的休闲度假、养生养老等功能，打造一个归园田居式的新型隐墅庄园。我们也想将其打造成为共享庄园的中国样板。

在内容的设计上，我们将以隐墅十六观——访庄、酿桃、浇书、醒石、喷墨、味象、漱句、杖菊、浣砚、寒沽、问月、谱泉、囊幽、孤往、品梵、缥香为核心，把东方生活美学和归隐田园的生活方式结合起来，风格定位于东方禅意生活的美学社区。我们要的是在不破坏村落环境的前提下，将隐墅十六观融合到十六幢村中老宅中，并通过设计装修以达到宅院内装休闲、采光充足的特点，同时配备共享农场的庄园式生活空间形式，以"一院、一墅、一田"为格局。石门源古村内参天大树颇多，在古树掩映下，古村老宅若隐若现，似乎也正好符合我国古人"小隐隐于野"的思想。

石门隐墅设计效果图一

石门隐墅设计效果图二

石门隐墅设计效果图三

例如访庄，以庄园形式设计，中式大门、门帘上有访庄名家字体；中式庭院，院内有京庭；庭内设有茶席，供接待来访者品茗之用。古之圣贤隐士的代表是庄子，道家逍遥通达的生命观，不与世俗同流合污的态度，远离物欲贪念的精神，"访庄"即是叩动这个隐逸世界的门环。

另外，石门隐墅庄园的公共空间以东方禅意生活美学为基础，主要以木、石来布置场景院落，修建有树隐木屋部落、森林美术馆、东方美学生活广场、隐墅学院、清境茶庄、隐素山房、木玩工坊、蜜蜂工坊、青瓷工坊、隐素咖啡、隐素酒坊、隐素园艺工坊、石上清泉亲水平台、隐墅青少年创客学院等，共同组合成石门隐墅东方生活美学庄园，以代表一种诗意的栖居生活方式，一种文人雅士的极致生活追求，而一园清雅足够让梦与生活聚首。

在石门隐墅，所有被称为美的事物都是庄严而又优雅地活着的。它让人对生命充满感动的体验，蕴藏款待身心的细节以及对美好生活的无限想象！

石门隐墅庄园建成后，不仅可将石门源古村的绿水青山变成金山银山，同时也能令庄园主、农村居民、政府三方受益。对于庄园主来说，可获得农庄使用权且配有农田，空闲时可共享给其他旅客使用而获取收益；对于农村居民来说，不仅可获得隐墅庄园租赁收益，还能售卖农特产品及其他产业收益；对于政府来说，则可盘活当地闲置农宅院落，开发当地旅游品牌，发展乡村文化旅游。石门隐墅庄园，就是正在以这样一种方式让石门源古村落重现生机，实现多方互利共赢的乡村振兴战略。

隐墅模式

中国隐墅发展大会

中国隐墅发展大会是隐墅前沿性的研讨大会，探讨如何根据现阶段大部分中国乡村的凋敝现实，如何引入生产、生态、生活这样"三生一体"的隐墅建设模式，如何在乡村建设一个更好的带动乡村发展的生态圈，如何让生产、生态、生活围绕乡村的土地无缝地协调连接起来，如何推行"隐墅、农耕、休闲"的联动经营模式，进行规划布局，激活人们对乡村的记忆。

中国隐墅发展大会对于中国隐墅的推进和发展具有革命性的意义。有很多好的思维和点子都是在这个隐墅发展大会中诞生的，并在实际经营中产生了巨大的意义。

中国隐墅创始人马勇伟发表主题演讲

07 用我们的眼界，改变他们的视界

2016年8月，第二届中国隐墅发展大会在温州举行。隐墅发展大会上的大咖之声是其中的中心环节，2016年的这届大会，四位嘉宾带来了精彩的演讲，作为中国隐墅创始人，本人发表了关于《开辟中国乡村改造的隐墅模式》的主题演讲，让与会者得以更深一步了解隐墅，了解隐墅模式，了解隐墅学院。古村之友发起人汤敏演讲了《新乡贤培育与公益组织如何帮助修古村》，让与会者得以了解培养乡贤，找到古村之友，是帮助修古村的有益帮手。浙江省美学学会副会长周膺演讲了《隐墅模式与生活美学》，详细地解释了隐墅模式和生活美学之间的联系，隐墅其实就是古代隐逸生活的现代转化，二者有着生活美学式的相通之处。无锡市旅游业协会常务副会长、秘书长徐立新演讲了《客栈经营与新乡绅文化》，让与会嘉宾了解到，在乡村客栈的经营过程中，新乡绅的回归是能使其变得更加繁荣的一种方式。

隐墅发展大会到场的不仅是乡村旅游界的大咖，也有很多建筑界、艺术界的知名人物，大家一起坐下来，在和谐融洽的氛围中探讨隐墅的一切，为中国乡村更美好的愿景出着自己的一份力。

晚上的萤火虫之夜分享会则是大家思想火花的碰撞，在精彩纷呈的艺术表演中感受隐墅的现在和未来。其中美栽堂美学设计实验室设计总监、美植创意师和隐设计倡导实践人吴极中，高级工艺美术师、高级室内建筑师徐志通，温州灯文化博物馆馆长张金成，vivisisi国际视觉时尚中心创始人叶茜，藤桥民俗博物馆馆长夏旗等特约嘉宾，为与会人员带来了精彩的分享。

除此以外，我们也举办了"中国隐墅乡村创客大会"。2016年4月，"中国隐墅乡村创客大会"在温科院举行，由中国旅游协会民宿分会、中共温州市委农办、温州市农业局、温州科技职业学院、雁荡山风景旅游管理局、浙江省文化创意产业协会、全

隐墅模式

国民宿协会(筹)联合主办。

乡村创客大会是认真贯彻党中央、国务院关于开展"大众创业、万众创新"战略部署以及国务院领导有关加快发展乡村旅游的批示精神,进一步助推美丽乡村建设,提升乡村旅游发展水平,推动乡村旅游转型升级、提质增效的主题交流大会。在全面深化改革的过程中,农村蕴藏着巨大的创新空间。无论是工商资本下乡,还是返乡创业,都需要符合农村实际和市场需求的"好点子"。用"创客"激活农村大众创业、万众创新的良好局面,让"创客"成为推进农村经济发展的新力量,是中国新农村建设转型的大势所趋。

在这届创客大会上,到场嘉宾们就"台湾民宿的创意经营""新乡绅与乡村活化""开创乡村改造的隐墅时代""休闲农庄新模式联动发展新机制"等主题发表了精彩的演讲。给致力于隐墅开发的创客们带来了极有开创意义的理论和思想。

现在,正有一批有情怀的青年人,引领着时代,致力于开创未来的美丽乡村。他们能够突破传统的思维定势,能够应用互联网思维改变这个行业,这些都表明他们是美丽乡村建设中的潜力股,在隐墅建设和开发中起着标杆性的作用。

中国乡村振兴战略论坛

党的十九大报告提出了乡村振兴战略,这是"五位一体"总体布局在乡村领域的具体落实,是社会主义新农村建设的升级版。

为了响应党的十九大报告提出的乡村振兴战略,浙江省委书记车俊在全省美丽乡村和农村精神文明建设现场会上强调,浙江省要全面实施乡村振兴战略,开启新时代美丽乡村建设新征程。

浙江省文化创意产业协会一直以"创新、协调、绿色、开放、共享"作为协会的发展理念,为浙江省文化创意产业的健康有序发展起到了积极的推进作用。协会为积极响应党的十九大报告提出的乡村振兴战略,决定将浙江省文化创意产业协会年度大会的主题定为"文创,让乡村更美好!"用文创发力,延伸乡村旅游发展内涵,促进一三产业融合发展,实现乡村的产业兴旺。通过文创挖掘、传承、提炼和创意,让乡村旅游、乡村产品、乡村文化找到根、找到魂,形成对外的文化吸引、对内的文化自信。

为此,浙江省文化创意产业协会于2018年4月26日在杭州举办了名为"文创,让乡村更美好"为主题的中国乡村振兴战略论坛。

本次中国乡村振兴战略论坛,来自两岸文创、乡创的大咖,以及国内从事文旅行业、文创产业的专业人员,荟萃一堂,共同

隐墅模式

探讨如何用文创助力乡村振兴落地，促进一三产业融合发展，实现乡村的产业兴旺。

在本次中国乡村振兴战略论坛中，浙江省委宣传部原常务副部长胡坚做了精彩讲话，他深入解读了文化对乡村振兴的重要作用。同时，他从"美丽乡村"向"美好乡村"发展的展望，提出乡村振兴应避免"千村一面"，指出了文创为推动乡村振兴具有时代的意义。

对于乡村振兴的魂和根本，我在论坛上深刻指出："乡村振兴的灵魂是乡土文化，乡村振兴的根本是产业振兴。"同时，与会嘉宾还分别以《政策解读乡村振兴》《以文化新动能振兴乡村》《台湾文创助力乡村振兴》《乡贤文化与乡村振兴》《隐墅模式就是乡村振兴的超级IP》五大演讲主题进行了深入探讨。

此外，台湾文化创意产业协会荣誉理事长李永萍则以台湾乡村发展的成功经验为大家分享，通过宜兰"三星葱"和马祖"蓝眼泪"的开发案例，重点指出了文创"体验"的作用，总结了当前"先软后硬"和"无特色招商"的陷阱，如何打造地方标志性的品牌IP，以及两岸合作对接的建议。

与会的汤敏、何思源、宫阿娜、尹燕、雷建华、赵海虹等专家学者也分别发表了精彩的演讲，为"文创，让乡村更美好"的主题提出了诸多有创新意义的想法和看法。

本次论坛从乡村振兴的政策解读到乡村产业的文创化、IP化，再到乡村振兴的样板打造，全面深入贯彻落实了党的十九大精神和乡村振兴战略，相信在未来，文创一定会成为推动乡村振兴的中坚力量！

YIN SHU
MO SHI

08
乡村振兴与大咖之声

作为一种新型的经济模式,作为一款践行乡村振兴战略的超级IP,隐墅及隐墅模式一直以来都受到了很多重量级大咖的赞许。对于隐墅及隐墅模式,他们有自己的理解,也有自己最有价值的隐式体验。

隐墅模式

隐墅，乡村振兴的一种文创模式

何为"模式"？

某种事物的标准形式或使人可以照着做的标准样式。这是《现代汉语词典（第7版）》给出的解释和定义。

在当代产业经济学中，"模式"在此汉语文字学基础上，又有了丰富的经济学内涵，具象为可以借鉴、学习的区域经济发展经验和企业运营的商业模式。

我本人，曾经是"模式"的创造者。

作为旅游人，你也许知道，十年前国内旅游行业曾经流行一个热词，就是乡村旅游"北京模式"。我就是这个模式的始作俑者。

当年我的身份，还是北京世纪唐人旅游发展有限公司（现已更名为"北京世纪唐人文旅发展股份有限公司"）首席分析师。在公司成立十年庆典上，我提出，作为旅游规划设计甲级资质的世纪唐人，业务要转型，要从一般性的旅游规划红海转向乡村旅游规划蓝海。感谢我的老东家，北京市旅游局（前不久已经更名为"北京市文化和旅游局"）给了我创造蓝海的魔棒。出生在北京郊区，长期在北京生活，干过两年的北京旅游行政管理，为北京市延庆区、平谷区、怀柔区等做过大量乡村旅游规划设计项目，五年全国各地，这旅游规划设计经历的诸多积累，让我隐约感觉到，北京市的乡村旅游，有料儿！也许能形成一个全新的概念：乡村旅游"北京模式"。

在把这基本靠谱的感觉与时任北京市旅游局副局长的安金明先生沟通后，我的设想，变成了他的行政举措：开展乡村旅游"北京模式"研究，开展"智力支旅、规划扶村"，开展"一村一品""一镇（带）一色"旅游开发策划。这些工作，我和世纪唐人都有深度参与，不仅制定了相关技术规范，承接了大量规划设计项目，而且最重要的是通过调查研究，形成了我提出的乡村旅游"北京模式"的核心思想和理论框架。

乡村旅游"北京模式"一经披露，大放异彩。北京市旅游局凭着这个成果，一年里两次在全国会议上做典型发言。之所以能够引起业界的轰动，现在回头来看，不外乎两点：首先是北京市的乡村旅游当年确实是干得有声有色。作为国内休闲农业首创地和国际化大都市，产业基础和消费市场催生了规模宏大、业态多样的首都乡村旅游业。只是当时的旅游行政管理部门对此成就浑然不觉罢了。其次是当时全国旅游的兴奋点还是入境旅游，对国内旅游重视不够，构成国内旅游主体的乡村旅游更是处于"姥姥不疼，舅舅不爱"的卑微境地。时势造英雄。正是有这样的内外双重作用，乡村旅游"北京模式"才能横空出世。

可以说，乡村旅游"北京模式"的提出、确立和传播，对此后北京市乃至全国乡村旅游业的发展，是起到了极为重要的助推作用的。

而世纪唐人，也顺理成章地享受到了开创蓝海的红利，由此率先进入全国乡村旅游规划设计领域，先后承接了《甘肃省乡村旅游规划》等相当一批省市县镇村乡村旅游规划设计和研究项目，积累了大量的案例，练就了出色的团队，以至于业界给世纪唐人贴上了"乡村旅游规划设计专业户"的标签。更重要的是，这些实践，直接孕育出了一个乡村社区再造新模式"唐乡"。

2014年，基于长期的乡村旅游规划设计和研究的实践，本着"知行合一"的理念，为了展示世纪唐人的技术实力，为了检验世纪唐人的技术水平，为了提高世纪唐人的技术能力，为了破解农村"空心化"的难题，为了给自己的家人寻找一个乡村生活地，为了给向往乡村生活的一群哥们儿寻找一个梦中的乡村，我和唐人在与北京一墙（长城）之隔的河北省承德市滦平县两间房乡苇塘村，一个与首都近在咫尺的燕山深处的空心贫困村，投入了旅游规划设计赚来的全部资金，投入了我在北大社会学课堂受到的全部乡村建设训练，投入了我和唐人团队全部的乡村再造梦想，在当地政府和全体村民的支持下，开始了唐乡新乡居生活社区的大胆实践。

初识小马哥

唐乡项目开始后，每个月，我们会在唐乡乡公所举办一次唐乡乡建沙龙。一次沙龙结束，与会者纷纷上车之际，同事突然告诉我，其中有一位是从温州来的！这还了得？！岂能怠慢了远道而来的客人？！我连忙赶上前去寒暄、赔礼。

此人，就是"隐墅模式"的创建者马勇伟，江湖人称"小马哥"。

金山岭唐乡的一面之交，促成了我和马勇伟先生两个人后半生共同的事业交集。策划、召开全国民宿大会，筹备、组建中国旅游协会民宿客栈与精品酒店分会，一个东南温州城、一个华北北京湾，南北联手，开启了中国民宿和乡建的全新时代。

2017年3月，借着小马哥承办第一届全国民宿人才教育培训座谈会的机会，我考察了一直心向往之的"隐墅"。

隐墅，位于温州郊区的高山上，一个叫盘云谷的美丽山村。

下车伊始，遥望一栋栋美丽的石头农宅，一种似曾相识的亲切感扑面而来。走村串户之后，发自内心的敬佩和折服油然而生：隐墅与唐乡，都是闲置（废弃）农宅修复改造，都是乡村社区再造。但是，唐乡做的，隐墅也做了，而且做得更好！唐乡想做而没做的，隐墅做成了！唐乡没有想到的，隐墅想到了，做到了！感慨之际，回味之前半年小马哥电话里曾提出一个概念：南隐墅、北唐乡。现在实地观之，隐约感觉，那是对我的鼓励和对唐乡的提携。

隐墅模式解码

外行看热闹，内行看门道。盘云谷隐墅虽然只是一面之交，但是并不妨碍我对其模式的系统性思考。所谓"隐墅模式"，我想，其核心特质应该是"文创乡建"。至少应包含以下几层意思：

城市文创产业向乡村空间的集群化转移。小马哥是玩文创的，在温州城里有很大一片空间，至少两个街区吧，是他的"东瓯智库"文创园区。因此，他拥有极为丰富而且一流的文创产业资源。某一天，小马哥心血来潮，手一挥：小伙伴们，我要搞乡建了。于是，文创园里的众多企业、团队、工作室，就跟着小马哥出了城、上了山、进了村，各选一栋摇摇欲坠的石头农宅，开练！没几天的功夫，农民的住宅，就变成了文创的空间、艺术的场所。艺术家们、创意家们，摇身一变，成为了新农人、新村民、新乡贤。而留守的农民，也悄悄地成了生活家，成了匠人。城乡两支力量融合在一起，在小马哥的带领下，通过文化创意的思维、逻辑、技术、资本，将一个破败凋敝的空心村，蜕变成了农民想回流、市民不愿走的艺术部落、宜居小镇。

城市文创产业的乡村化重生。温州人抱团做生意、一起闯天下是出了名的。因此，众多文创人陪着小马哥到盘云谷落户，做二次创业，有内在的地域文化惯性和理性的商业逻辑考量。但，

隐墅模式

空间转移不是简单复制。有无数幼稚的复制性实践，被乡村、乡情、乡民具有的复杂特质的系统性、稳定性、无形性之墙撞得头破血流。隐墅团队及其合作伙伴，并不是直接把在东瓯智库文创街区成熟的业态、产品（服务）和经营模式直接搬到盘云谷，而是深刻理解、准确洞察和全面把握乡村实际情况，在此基础上，将城市的文创力量和乡村的文创资源相对接，以1×1的化学反应，而不是1+1的简单叠加，催生出全新的乡村文创产业。

城市文创产业的乡村平台建设与运营。平台思维，是小马哥东瓯智库可持续发展的成功密码。同样的，隐墅将这一思维创新性地应用于盘云谷的建设，为盘云谷乡村文创生态圈的小伙伴们营造进得来、留得住、玩得起、干得嗨的健康营商平台。这个平台之所以能够平稳运行，最关键的是通过共商、共创、共建、共享，高度参与、完全融入盘云谷的乡村社区建设。外来的市民，与本地的村民，通过恰当的机制，高度融合、零距离互动，形成了一种全新的社区关系。这种关系，完全不同于以往乡村旅游产业语境下的消费——供给关系，而是一种新村民——"老"村民的邻里互助关系。传统的乡村社区，也在逆城镇化——就（近）地城镇化背景下，嬗变为一种全新的乡村"新生活"社区。

隐墅模式，已经为唐乡，正在为全国的乡村社区再造，为乡村振兴贡献更多的智慧，提供更多的借鉴。

（张晓军：中国旅游协会民宿客栈精品酒店分会会长）

由隐墅创建到温州智造

近十年,是中国旅游业开放变革最活跃的十年。传统的景区旅游、都市旅游已发生变化,正向乡村休闲方向迅速发展。在全国乡村振兴农旅推进的大潮中,浙江领潮而上。无论是美丽乡村建设还是特色小镇开发,都取得了瞩目的成绩,成为全国的大车头。在这轮大变革中,浙江出现了两位杰出的领军人物,这就是业界常说的"北吕南马"。

"北吕"指的是浙北莫干山二次崛起的引领者和中国高端精品民宿的领头人——吕晓辉。"南马"指的是中国乡村振兴战略发展论坛的奠基人、中国隐墅学院的创始人——马勇伟。晓辉和勇伟都是丽水人,都生于黄帝祠宇的仙都山下。也许秉承了黄帝的勤力和大智基因,吕马出山后,在浙江南北的大地上埋头耕耘。经过多年的勤耕种智,终于新开天地,成为全国农旅发展时代的闪亮新星。

在全国美丽乡村界,裸心谷、裸心堡是中国精品民宿的时代地标。

2016年纽约时报评选全球45个休闲必去的地方,裸心谷列为世界第18位。同年,裸心谷民宿建筑入选世界绿色建筑铂金奖。吕晓辉是获此殊荣的中国第一人。

马勇伟则一头扎入浙南,在中国改革开放的最前沿的温州创业。从楠溪江到雁荡山，从溪畔到大罗山，到处都留下了他创业的足迹……他以农为家，研创新农合、新农园、新民宿，十五年如一日。一次我在温州大罗山见到他，他高兴地说："我正隐居乡间，发掘乡间，重振乡间。我每天在天地间奔走，正在寻找乡村的文化之根，努力以文创重振美丽田园，重建美好家园。"他告诉我：温州是个特别勤奋励志的地方，温州农民创富有三段历程，第一次创富，"离家不离乡"——在乡办企业创业。第二次创富，"离家又离乡"——到外地创业。现在是乡村振兴的大好时机，我正在力推第三次农民创富，"回乡创业不离家"。"农民富了、农村美了，中国才会真富真强。"他是这样说的，也是这样做的。他身体力行，全国奔走，激励人才回乡创业，用智慧践行的理论，带动了一大批能人回乡返家创业。现在温州的美丽乡村和浙南民宿，无论是文化创意还是创新经营，都走在了全省的前头，成为浙江一道亮丽的风景。

由于他在美丽经济上的践行理论和运营推广，成果丰富，成绩卓著。2011年创办了中国第一个汇集多路精英，共谋文创的人才智库——东瓯智库；2012年，马勇伟当选温州十大经济年度人物；2016年，他力推中国民宿精品化、多元化，创办了中国第一个农旅产业研究机构——隐墅学院；2017年他当选浙江省文创协会执行会长。他以自己的创意实践总结编撰的《温州智造》《创未来》等许多文著，成为乡村振兴、文化创意、农旅创业的畅销书。

在《温州智造》中他提出了新的创业模式：成功的创意=思想力+文化力+执行力。他强调的"重创意、重创新、重智造执行"的三创理论，有力地推动了浙江民宿更上一层楼，在全国民宿大会上他的总结被誉为浙江经验。

勇伟是一个有情怀的新农民。他一直在乡村振兴的大道上奔走,他出的新书《创未来》就是想引导各地民宿向生态化、文创化和精品化方向发展。为了引动更多的人关注乡村,重振乡村,他先后在全国多个地市召开民宿创意创业论坛和经验交流大会。2018年还在博鳌召开了中国第一届国际民宿发展论坛,用更大的发展视野,用更先进的国际经验,培育和壮大中国的三农产业。

正如他在《温州智造》中所言"永不停止,永不自满,创新思维,创意发展,聚力智造,中国的三农才会振兴。对乡村的未来我充满信心。"

我也是个对乡村振兴充满憧憬的人,退休后在桐庐和丽水当产业发展顾问。十年间也亲手创建过许多农旅景区。但在引领乡村奔向未来的大道上,马勇伟、吕晓辉更有智力、勇力和活力。他们代表了中国最有希望的新一代。

2019年是中国乡村振兴的关键年,相信在这些后生的引领下,中国的乡村将更美丽,前景将更壮阔。

(何思源:浙江省旅游局前规划处长、杭州世界休闲博览会执行副主任、浙江省委省政府美丽乡村建设突出贡献人物)

隐墅模式

隐墅模式正当其时

  温州市文化创意产业协会马勇伟会长的"隐墅模式",可以说是到目前为止大陆各界热烈探讨乡村振兴战略时下一个完整的解决方案。

  首先,乡村审美不适合张扬浮夸,更不能炫富,必须回归自然美学,重视环保,并兼具人文精神的心灵体验。而"隐墅"所倡导的回归宋元时期的"隐文化",以此推进古今交融的文化复兴,确实是相当准确的定位。

  其次,就商业模式言,"隐墅"将中国原生性的共享经济、社群经济与互联网思维结合得淋漓尽致,产生了既合理、又创新的经济模式,有效化解了当代城市激烈竞争所带来的焦虑感,也提出乡村美好生活的可能性。

(李永萍:台北市原副市长,台湾文化创意产业联盟协会荣誉理事长)

隐墅助力未来民宿将进入主题鲜明时代

当前,民宿市场在中国正处于爆发式增长期。随着乡村旅游的兴起,如今越来越多的民宿出现在青山绿水间,或清新、或文艺、或简朴、或轻奢,吸引着城市人前来安放乡愁、放飞心灵。

不同于日本的传统民宿,中国完全走出了自己独特的发展路径,形成了一大批创新民宿,然而随着市场的发展,民宿将何去何从?

下一步的民宿将会朝主题鲜明、内涵明确的方向发展,隐墅模式就是引领者。一批主题鲜明的民宿,将会陆续在国内出现。桐庐民宿在创新民宿上确实有一定的成果,但今后的发展,绝对不能忽略传统民宿发展的潜力,只有创新民宿与传统民宿并存才是可持续发展的保障。

何谓主题鲜明的民宿?

简单来说旅游者走进乡村民宿,既要寻找到乡村历史,又有鲜明的主题性,还能感受民宿主人的温馨体贴。"所谓主题性,在某个意义上就是民宿主人的特长。这个特长最后非常有可能就是吸引客人的主要因素之一。因此民宿主人必须努力发挥自身的特长,将此作为自己的亮点去营造,让旅游者有理由来此住宿与续住以及为主人做有利的宣传,形成良好的口碑。

隐墅模式

那么，未来民宿是否需要设计？

传统民宿根本就不存在真正意义上的设计，譬如最早的日本民宿主要靠屋主按照自己的意思打理，然而当下市场对产品需求与要求的改变，民宿设计逐渐成为创新民宿的一个重要手段，因为民宿设计具有专业性、科学性、艺术性和合理性。再则值得注意的是，乡村民宿设计不是单纯的设计，更不能把所有的民宿所在地，都当成景区来设计开发，不能缺乏对民宿主人的意愿，不能忽略自然资源要素，也不能忽略当地文化资源的重要性。

然而需要看到的是，当下有非常多的设计师在设计过程中并不尊重民宿主人，甚至对地方文化也不尊重，因而最后民宿成为设计师表演设计手法的场所，而非实质上的民宿设计。原因就是设计师往往只是从设计的角度去思考布局和问题，却忘记了听取主人的意愿与考虑如何让主人的特长能够在设计中体现出来，或设想如何让主人的特长成为该民宿的一个亮点。

因此我建议，设计民宿时不要先考虑房间数的多寡，首先应考虑到为客人和主人之间设置交流场所，需要为他们预留下一个空间，让主客之间可以实现充分地交流。而交流内容的充实度，很有可能成为客人延长住宿或再来的可能。"其实交流就是一种学习，而学习就必须要有时间，那样客人必然会在主人温馨指导与用心服务下而留下来，客人留下来就意味着有创收的，这就是一种良性的经营模式与双赢的结果。"

此外，民宿设计一定要有本地文化的导入，拒绝千宿一面，民宿设计要把握好温馨度、舒适度、艺术度和美好度。

隐墅模式，强调民宿要与在地文化相结合，强调民宿设计保留原来的特色，是在民宿急速发展时代下，提供了一个很好的样板，可以让民宿变得有温度、有美感。而民宿经营差异化的关键，还是决定于民宿主人的文化素养和为人处事，以及经营服务管理的理念和创意。

（德村志成：世界旅游城市联合会专家委员会委员、杭州师范大学教授/博士）

隐墅模式

隐墅模式的"隐妙"之感

隐墅，隐居的别墅，适合在乡村隐居的别墅。层层递进的关系，注定"隐墅"在不久的将来会成为城市中高产人群度假修心的首选之地，因乡间纯粹的天地之气，浸润着落叶归根般的传统文化，再辅以各种生活、娱乐设施配套后，一种完全不同于城市休闲的修心隐居方式就会呈现出来。

马勇伟先生提出的"隐墅"概念脱胎于渐成气候的乡村民宿理念，马先生在此基础上为其注入了"天人合一""人法地，地法天，天法道，道法自然"的中国古代先哲老子的核心思想，将"隐"元素放大，"隐"正对应着老子的"无为"。当远离喧嚣的城市，来到淳朴的自然乡村，是否应当让心灵回到"隐"的状态，浅尝辄止地感受一下古人所追求的"无为而无不为"的洒脱呢？

正如书中所言："一位日本建筑设计师称，设计理念最好的方式是'让建筑消失'，尝试用无秩序的建筑来消除建筑的存在感，简化设计本身但又做到了最深入人心的建筑。""让建筑消失"和"隐"有异曲同工之妙，消失并不是真的不见，而是"大隐隐于世"，沉浸在周围的环境中，混为一体，此时人进入此景，也会感同身受地与周围环境融为一体吧。

而隐墅中的"墅"的概念又多了几分超脱与坦诚，毕竟城里人来乡村度假，沉浸的速度因人而异，有快有慢，而慢的人，还是因为对乡村民俗的不习惯造成的，此时"墅"出现，让城市人在慢慢沉浸自然风光的同时，能有一个缓冲的余地，知道自己还有一个稍微习惯的场所在等着游玩一天的自己归去，内心会安稳很多。

书中写到的一句话印象深刻："真正的幸福，并不是一定要去做惊天动地的大事，而是要懂得发现生命中的小确幸，把每天的日子都过成诗，要有仪式感，要有审美性，如此才能发现美好的生活方式，让我们的生活变成另一种更自然更好的方式。"读罢，感同身受。如何才能真正地感受到幸福，这是世界所有生命都在孜孜不倦的追求目标，而中国传统文化里的智慧告诉我们，往往平淡的是最美味的，朴素的是最舒适的，恬静的是最幸福的，这其实也是城市人来到乡村最应当感受的幸福真谛，民宿与隐墅都是可以引发这种幸福感的。

而"隐墅"概念的提出，对丰富我国的三产内容，助力乡村振兴，提升内需经济都有重要的作用与意义。当下贸易争端频发，究其原因，是价值观的碰撞，而中国几千年铸就的传统文化价值观，注定了我们这一代人要传承下去，并发扬光大。而这种"天人合一"的充满自然伦理味道的朴素价值观，只有回归淳朴恬静的乡村才能更容易地感受到。所以三产的发展不只是拉动内需，不只是保障国家经济安全，更重要的意义是帮助我们每一个中华民族的子孙找寻"根"的况味与脉络。当我们通过乡村旅游慢慢找回自己的初心时，我们就不再恐惧与自私了，因自然、天地、宇宙本自具有的大爱情怀已被我们感受到，我们是充满大爱的民族，大爱脱胎于最朴素的乡村"小确幸"。

"望得见山，看得见水，记得住的乡愁"，期待乡村旅游3.0

隐墅模式

版本——隐墅模式,让乡村变得更加美丽,让生活变得更有诗意,让我们恢复生命开始时最初的感动。

(李季:中国文创产业园区联盟主席)

隐墅的良性发展可以为中国乡村找到一个更好的未来

自20世纪70年代改革开放以来,国内经济发展的速度和成长举世瞩目,但随着逆城市化时代,休闲时代,城市4.0时代的来临,城市人真的感觉累了。

生活在忙碌的工商社会及拥挤水泥中的朋友,心中总觉得有一个难圆的梦想……在梦想中……希望是有阳光的绿色山林:仰望天空时,是蓝天和白云;夜里有星星、渔火、月亮和萤火虫相伴。

期待绿油油的稻田中,牛背上有鹭鸶,溪中可以捉虾戏水,到田园里能种菜采果,到海边享受微风,在夕阳的沙滩上漫步,在自然的怀抱中迎接更多的爱和温情。也许是山居生活,是田园风貌,是矿区之美,是渔村风光。

向往一种和泥土、和自然很亲近的隐宿生活。现如今人们的旅游重心转移,由过去的城市旅游逐渐流行至乡村旅游、隐宿旅游。

一家民宿、一个故事的开端、一个在田地里生活的体验。休耕的田里开满了美丽花朵,像在彩绘大地,也让土地休息。落花本是无情物,化作春泥更护花。如此周而复始,蓄积能量,孕育万物。请造访乡村,感受季节、土地与人民的和谐。

隐墅模式

  民宿的发展其实是保存乡村资源、部落文化和推动乡镇风土旅游的根本,希望民宿的良性发展,可以为中国的乡村找到一个更好的未来,也为所有的人创造更多的幸福。

(吕人凤:台湾民宿协会副理事长)

隐墅与数字艺术下的动漫

当下隐墅概念在乡村比较普及，但在中国乡村改造的进程中，隐墅概念与文化的结合还得下大力气设计与改造。那么隐墅概念下怎样用数字艺术表现动漫的内容，又能促进隐墅的发展，使乡村隐墅艺术与动漫化呢？

数字艺术重点在于"艺术"，"数字"是工具，"艺术"是内涵。时代的发展，让当下隐墅与数字艺术下的动漫产业也变得更加轻量、更加易于制作、易于传播、易于被大众所热追。这也为数字艺术的繁荣奠定了良好基础。在隐墅概念下主题故事内容如有数字艺术的加强就会变得如鱼得水，这从我们点开各类的信息网站，比比皆是的奇幻农庄、特色农家院等即可看出。

运用数字艺术，首先要依托一个好的文化主题与故事内容，如何选材是重中之重，泱泱文化大国，题材广泛，需要着重挖掘中国特色的文化选题，如乡村故事、乡村传说、乡村概念。中国文化主题内容是核心价值。

要突出以下三个特点：

新概念："文化＋产业"；

新创意："内容＋形式"；

新形式："文化＋科技"。

提倡自主融合华夏文化文明的生活元素、文化现象与文化特色，注重原创实践的想象力，也体现出创造力的价值。

大自然赋予人类生活的根茎，大自然的千姿百态，绚丽多彩，都是我们创作内容的源泉。怎样发挥自己的想象力，将自然中的生活现象，联想到想象创作的内容中来表现隐墅作品。

在隐墅创意概念设计中，创意的关键是"传达"而不是"表达"想法。因为设计师的任务是想出创意概念，传达你的原创想法，画出你的造型视觉信息。所以隐墅概念设计有非常广泛的领域学科进行发明与想象力的创造，并提供多元丰富的视觉信息，具有实际应用的产品，同时会看到多元化的风格和技巧，因为风格在这个行业里远不如创意或者想象力重要，我们的目的是创作出具有想象力的作品。

一、"文化+产业"

中华悠长的历史文化，为我们留下了宝贵的文化遗产，这就需要我们挖掘历史文化内涵，将传统文化力量应用于现代社会的发展，也就是让传统文化和现代化商业价值的相辅相成。

在中国，"家规"与"国法"是一脉相通的，家是国的基础，家族的秩序和原则放大了，就是国家的秩序和原则，而国家，国在前，家在后，先有国，后有家，国在家之上。儒家的道德基础，就在"家"和"礼"上面。天下之本在国，国之本在家，家之本在身。多年了，一对夫妻一个孩儿，孩子宝贝，给孩子太多的爱，让我们放任了对孩子"道德与素质"的教育，这是一个不争的现实。怎样利用隐墅概念与形式让更多的城乡青少年儿童利用假期与双休日来隐墅乡村体验、学习？我觉得就是要让少年儿童在一个特定的环境下"激活"他们心中已经沉淀下来的文化内容与体会，像接受"成人礼"一样，沐浴传统文化，切身体验乡村文化、民风、民俗、传统家族教育等，让他们从小注入国家、社会、家庭意识，明白自身成长行为与文明规范的原则，以及应有的责任与义务。从而修正与重建中国传统文化与新时代的道德公共标准。

二、"内容+形式"

科技对传统文化是双刃剑，因此我们的文化主题的隐墅概念设计需要用新的概念、新的创意、新的形式结合当下时代的潮流去设计，达到新媒体技术和现代化科技与悠久的历史文化的融合。

1. 隐墅概念动画。例如3D渲染2D的技术的运用，把3D的真实与2D的流畅结合。游戏引擎也能用来做动画，例如UE4。运用的形式多样。

2. 隐墅概念游戏。游戏不一定暴力，游戏也可以成为书本。3A游戏往往让人沉浸其中流连忘返。例如把《山海经》的奇幻内容结合游戏，让人往返于怪石奇山，与异兽互动。把游戏做成没有镜头限制的电影形式。

3. 隐墅概念交互娱乐。从Kinect体感交互到VR/AR虚拟与增强现实。沉侵体验提高。例如用VR室内漫游技术，做出类似故宫的漫游场景。

三、"文化+科技"

隐墅概念文化可以提升产品的内涵与内容，用文化+科技去实现与增强虚拟现实，使其表现像真实存在一样。达到用科技手段去实现你想要的视觉效果，打造中国隐墅概念特色的文化IP。

如何讲好中国隐墅概念故事：首先要挖掘、整理、创新区域文化的内容，内容要适应时代的活力，要用现代科学技术与奇幻内容的艺术创作，形成赋予隐墅概念想象的内容，加上生动的视觉画面，最终让作品走进人们的生活中。

首先分析隐墅概念的文化价值，从长远看，如何长线塑造一个具有民族文化基础的隐墅概念IP。首先成立中国隐墅概念艺术

隐墅模式

IP专业学术委员会，按照动漫、影视、游戏等主体增值的节奏进行隐墅概念IP打造，逐步形成良好的文化氛围，构建出新型的文明、文化生态环境的隐墅概念乐园。其次提升研发隐墅下游的周边产品，（明信片、钢笔、旅游用品等）丰富文化旅游的内容与产品。

说了这么多隐墅概念，肯定有人要问到底如何发挥数字艺术优势表现传统文化中隐墅概念设计的内容。

对此，我归纳有3个方面：眼光创新、艺术创新、手法创新。

眼光创新，顾名思义就是要有慧眼，善于发现平凡中的伟大。

艺术创新，是眼光创新的升级阶段。眼光创新是发现平凡中的美丽，说明你具备了从事这一行的潜质，但是这仅仅是潜质，并没有成为你区别于普通观众的一种特质。那么这个时候，艺术创新才是一种质的飞跃，让你从普通成为专业。

什么是隐墅概念艺术创新呢？直接的解释就是升华，就是我们常说的"来源于生活，但又高于生活"。艺术创新是需要积累的，需要长时间的眼光创新的训练，才能真正的把真的"假"了，把"假"的弄"神"了。但是，千万不要误解隐墅概念艺术创新就只要天马行空，艺术创新，而是要更多的研究，更多的实践，更多的尝试，有点像做实验室一样，艺术家化身科学家，艺术家眼中的现实元素就是科学家口中的各类化学元素。肆意地混搭，是可以产生意想不到的聚变反应的。

手法创新，并不是艺术创新的更高级，它是实现艺术创新的办法，这个办法就是我们这次交流的主角，数字技术。什么是数字技术，我想大家目前都或多或少的有所了解。我们现在生活中充斥着数字技术的影子，可以说你现在看到的一切传媒媒介都是数字技术的体现。影视动漫中的绿幕、所有的动画、后期包装等等，数字技术充斥在影视动漫作品里。那么如何创新，我想可以从两方面来谈，一个是写实，一个是写意。

写实：就是让你设计的艺术灵感变得真而又真，看不出一点虚拟的破绽。这样的方式就是技术到极致。

写意：就是剑走偏锋，另辟蹊径。就像绘画里的各种流派，从以前的古典主义、文艺复兴、印象派、立体派、抽象派到今天的装置艺术、行为艺术等等，用你认为能够诠释你的真意的方法，展现你想述说的奇幻内容。在保留遗址的基础上，增加文化概念，强化地域特色与风格。

隐墅概念创作自由，可以使艺术家放松思想紧张，完全投入到艺术的创作中去，只要是符合建筑特点的，都可以任意挥洒，这样才能出好的想法，形成具有审美情趣的隐墅概念，结合动漫内容形成生动的美丽乡村。

中国目前隐墅概念与动漫的结合发展势头见好，党和国家在大力推动与支持，我们应争取下大力量创作与改建中国乡村的文化主题内容，形成隐墅概念文化强国。用数字艺术打造隐墅概念文化内容，用动漫形式与隐墅概念结合，打造隐墅概念的动漫品牌形象、动漫产品。研发与乡村历史、文化遗产、民间传说、时代英雄有关的元素，建成美丽的隐墅动漫新农村，定会成为21世纪的新的文化旅游时尚。

（王伟：北京大学教授、动漫画家、阿凡达插画原创作者）

隐墅模式

乡村振兴与民宿突围

对于中国乡村振兴与民宿突围，特别是隐墅模式，我用四个人的四句话，来分享给各位读者，以及我对隐墅模式的理解。

第一句话，北大的周其仁教授在《城乡中国》这本书说的："中国很大，其实只有两块地方，一块是城，一块是乡。"这是句大实话，大实话反而容易被我们熟视无睹。我们今天是在乡村振兴的背景下，来讨论民宿的问题。乡村振兴，又是在什么背景之下呢？我的理解，是城乡二元社会。工业化和城镇化的过程，一定伴随着城乡分离而导致的二元社会，这是全世界都普遍存在的现象。但是中国还是有自己的特殊国情。

周其仁老师这本书，就是认真地梳理了中国城乡二元社会的产生过程。他的结论，总结起来有两个。第一，当初为了保障重工业而实行的户籍制度，在改革开放之后被延续乃至固化了，原因很多，其中一个是它帮助中国降低了城市化和工业化的成本，从而增加了中国制造业在全球的竞争力。第二，户籍制度造成了城市人和农村人的身份差别，其弊端在初期不明显，因为当时城市人口占比不到10%，到了现在就日渐突出，因为城市和农村的人口已经基本上持平，各占6、7亿左右，所以现在面临着要把"城的中国"和"乡的中国"重新统合成一个完整中国的大命题。

第二句话，是人民大学的温铁军教授说的："农村是中国经济发展的稳定器。"温老师认为，市场经济总是有周期性的，经济处于上升期时，一片形势大好，企业纷纷扩大生产、增加招聘；但是，波峰之后必然会跟着波谷，处于下行期和波谷的企业，就要靠裁员来渡过难关，这个时候就可能会出现大量失业人口；当失业人口在城市聚集到一定程度，就有可能转化成社会危机或政治危机。如何处理呢？发达国家的政府是为失业者提供救济保障。这个保障一旦提供，基本上就不可能取消了，而且大概率事件将会是每届政府都往上加码，这就导致整个社会运转的成本越来越高。所以中国政府在上个世纪，主要是选择了另一种成本要低得多的做法，就是将失业人口分散到广大农村。只要一分散，就不会转化成社会危机和政治危机，等这一波经济危机过去，再将大伙召回城市。温老师说，通过这个方法，中国在20世纪渡过了八次经济危机。

考虑到中国的超大属性，在未来的二三十年，农村人口的绝对数量将仍然保持在几个亿以上，所以，除非政府能把失业保障的政策，统一而公平地普及到全部国民，否则农村作为经济发展稳定器的作用将继续存在。

第三句话，是《人类简史》的作者赫拉利说的："人类成为地球主宰的秘诀在于，创造并且相信虚构的故事。"《人类简史》这本书，可以说是大开脑洞的，颠覆了以往的很多认识。书中最核心的观点，是人类的祖先（也就是智人）之所以能战胜其他人类，是因为七万年前"不小心"进化出了会讲故事的基因；讲故事的能力，让智人可以构建起越来越复杂的合作机制，从而一步步实现了超越家庭、超越部落、超越地方甚至超越种族的集体凝聚力。神话、宗教、民族、国家、公司、钞票，这些对人类发展极为重要的观念，全都是人类自己虚构出来的"故事"。

隐墅模式

七万年前的基因,这也太远了,跟我们今天要讨论的乡村和民宿,有什么关系吗?要我说,关系还很大。商业发展一般都遵循从低级到中级再到高级的规律。在低级阶段,你只管生产和提供就行,消费者是不会挑剔的,这个阶段的关键词是"生产"。农家乐,就是乡村旅游在这个阶段的产品,它的特点是农村人服务城市人。

到中级阶段,对生产者的要求就高一些了,因为消费者不满足于完全一样的产品,要有选择,所以这个阶段的关键词是分类。民宿是乡村旅游在这个阶段的产品,它的特点是城市人下乡来服务城市人。这么做,成本就上去了。

乡村旅游的前两个阶段,很快就会饱和,因为市场的容量就那么大,城里人能拿出来到乡村的时间就那么多。在各个地方,头一批做农家乐和头一批搞民宿的,占得了先机,日子可能过得不错,后面跟进的人,成功的机会就大大降低了。

接下来就到了高级阶段。高级阶段,对生产者的要求就更高了。光提供类型化的产品已经不够,而是要有讲故事和找意义的能力。这就涉及到虚构的本领了。并不是说我抛弃百万年薪,下乡开家民宿就是个好故事。这可以作为一个开头,关键还是要看往下怎么讲。好故事一定是有意义的。这种意义,是人们平日里不容易看见的,但是一旦看见就会觉得有存在感。

这么说,还是太抽象。所以接下来我要引出第四个人的话。这位朋友叫万维钢,在得到APP上开设了两年的"精英日课"。每周一到周五,每天一篇文章,介绍英美学术界和文化界的最新思想。这个课程我是跟了两年,总的感觉知识浓度超大。万维钢老师在课程里多次提到一个公式:喜欢=熟悉+意外。

我认为,这个公式有助于帮助我们在乡村找到意义。意义的发现和探索,往往是需要一个过程的。有几个下乡创业的人,敢说自己是早就找到了意义,然后带着它下乡的?恐怕大多数是怀揣着一个模糊的梦想,凭着一腔的热血,就杀奔了一个实际上并不熟悉的领域。在这个探索的阶段,光有方向不够,还需要有对每一步选择做指导和判断的标准。

"喜欢=熟悉+意外",就是这个标准。首先,你要选择对你来说熟悉的领域,同时要添加一些对你来说是意外的因素,这是为了让你自己喜欢。熟悉的领域,可以是你原本的专业,也可以是你擅长的业余爱好,还可以是你新学来的本事,总之它得让你感觉到能掌控局面。意外因素,这就需要你去突破自己的边界了,去尝试你感到陌生的、不受你掌控的事物,可以从模仿别人开始,逐步走向自己创造。民宿运营有问题的朋友,也许你要思考一下了,是不是一直只在做自己熟悉的事?

其次,你可能要去了解你所服务的人群。什么对他们来说是熟悉的,这些是需要去满足的。与此同时,你提供了什么对他们来说是意外的东西?没有这些意外,你就不可能真正得到他们的喜欢。现在做民宿之所以难,就是因为第一波民宿带来的新鲜感已经过去了,新入场的人就得有制造意外的能力。

最后是我对这四句话的总结和体会。

第一点,中国农村和农民,为中国最近几十年的经济腾飞做出了巨大贡献,而中国政府对于农村和农民,也负有几乎是无限的责任。理解了这一点,我们就能明白,中央政府对扶贫为什么那么重视,习总书记为什么把乡村振兴提到这样一个高度。

第二点,我们民宿行业的从业者,如果能把视野放大一些,不光盯着自己的一亩三分地,而是把你的邻居们,也就是村民们,多放到眼里,多想一想能为他们做点什么有意义的事,那么你得到的支持,将会是来自高层的资源。这种资源将会是立体式的,包括资金、政策、舆论、主流媒体等等。

隐墅模式

第三点，城市和乡村的差异、传统与现代的差异，为熟悉和意外的元素组合提供了太多的可能性，也为我们创造出让人喜欢的产品和生活方式提供了丰富的源泉。

（罗德胤：清华大学建筑学院副教授、乡村复兴论坛主席、住建部传统村落专家指导委员会副主任委员）

隐墅模式与生活美学

都市人置身于绚烂之中,开放华丽的生命之花。但生命形态也有更自然的一面,就是像山间流水那样潺缓安详。归隐田园,诗意栖居,曾是都市人的梦。但现如今也不全是梦。马勇伟先生提出的"隐墅模式"并未局限于思想层面,还提供了实在的可能方式,一种可能的生活美学方式。

一、两种生活境域:明媚与隐秀

自来生活有两种境域,就如环境一样,或由环境决定。杭州的西湖如夏花之绚烂,西溪如秋叶之静美。西湖诗意,构建雕饰;西溪词境,自然任情。它们代表了两种不同的生活面向。隐墅生活属词境一格。诗亡词然后作,诗衰词然后盛,诗退词然后进。现代都市的繁华生活远未到亡的境地,但自"现代"以来已被怀疑,而且越来越深。人们妄图用"后现代"来取代它。都市繁华的旨趣至少于人们的心目中在"衰退",隐秀的田园生活更多地被现代人向往。田园生活与都市生活相比,有更深长的意味可以体觉。王国维《人间词话》第十二则云:"词之为体,要眇宜修,能言诗之所不能言,而不能尽言诗之所能言。诗之境阔,词之言长。"根据王逸、洪兴祖的解释,"要眇宜修"是一种精微之美。田园生活就有这种精微之美。它虽不如都市生活来得壮阔,不能替代都市生活全部好处之所在,但其精微至性也是都市生活无法企及的。这正是"隐墅模式"的长久价值所在。

二、四种隐逸方式：大隐、小隐、中隐和俗隐

"隐墅"之隐也可以构成一种存在方式。中国人身体和灵魂的存在空间非常狭窄，所以古代隐居文化特别发达，有大隐、小隐、中隐种种设计。白居易《中隐》诗云："大隐住朝市，小隐入丘樊。丘樊太冷落，朝市太嚣喧。不如作中隐，隐在留司官。似出复似处，非忙亦非闲。不劳心与力，又免饥与寒。终岁无公事，随月有俸钱……唯此中隐士，致身吉且安。穷通与丰约，正在四者间。"小隐（隐于山林），洁身自好，以道抗势；大隐（隐于朝市），以"隐于心"替代"隐于林"，执着于道；中隐（隐于郡斋），乃郡斋之隐或吏隐，仕隐兼通，不执着之执着。但实际上除小隐因可以个人作主而被不少人实现外，大隐、中隐很难做到。对于俗人或都市人而言，比较可能做到的是俗隐。俗隐即隐于世俗社会或半隐于山林，行世间事务，但不执着，因事作则。陈亮《复朱元晦书》云："道之在天下，何物非道？千途万辙，因事作则。"道存在于宇宙万物、日用生活之间，贯通于事物万有之间，与事物不相分离。它因事而作，因事而有。道不离日用。人并非一定要大隐、小隐、中隐才能行道，在日常生活或俗隐中同样可以。隐墅生活是俗隐的一部分，是体道、悟道和行道的方式。

三、三种念想牵挂：神学、哲学、情志

因为是俗隐，不可逃脱对俗世的责任，求隐者不可无念想牵挂。一则是神学意义上的。外国人心中大多建有一座耶路撒冷圣城，渴望神的启示，着意于救赎。中国人似乎更多财神崇拜。如此则灵魂难以升华，不可能真正进入隐的境界。二则是哲学意义上的。许多外国人心中有座雅典圣城，喜好理性思考。中国人嗜好非理性顿悟，如此非为非途，但少了思想和精微之美。三则是

审美意义上的。刘勰《文心雕龙·序志》云："夫文心者，言为文之用心也。昔涓子琴心，王孙巧心，心哉美矣。"心怀审美情愫、美学理念，有审美情志，方始有隐的真趣味。

（周膺：浙江省美学学会副会长、杭州市社科院原副院长）

隐墅模式

"隐"是旅行的意义

旅行，是为了什么？出走，又是为了什么？不仅是为了体验和回忆，更是为了成为更好的自己。每一次出走，都是为了更好地回来。旅行，给自己一个绝佳的机会，从当下的时空、从眼前的琐事、从心头的烦恼中抽离出来，去到一个陌生的地方，见识一群陌生的人，寻求一段未知的经历，这些都是旅行的魅力所在。

现如今，"行"越来越便利，"旅"就变得越来越宝贵。在"旅"的过程中，无论如何都有"宿"的需求。而"宿"早已不再是旅行的必须配套，而是已然成为了旅行过程中的极大乐趣和追求所在。"宿"本身可以是极重要的旅游吸引物。"宿"不仅仅是功能性的表达，不仅仅是给我们在路上一个住的地儿，而"宿"本身就可以安放人们每一次出走的最大渴求。

隐墅，在这样的背景下，就显得尤为重要。"隐"，不是归隐，不是躲避，而是每一次出走的目的。每一次的"隐"，就是做一回自己，就是为自己活一把，就是让自己真正地抽离。在隐墅栖身的过程中，让自己的身心和灵魂得到滋养，成为更好的自己，从而心平气和地回归，直至下一次再出发。

"隐"是目的,"墅"是手段,而内心的安定与平和,是"隐墅"之后的必然结果。让我们,隐墅吧!

(尹燕:南京农业大学副教授、旅美访问学者、农业部青年专家)

隐墅模式

隐墅是人们美好生活的向往

人们对于美好生活的向往，从未停歇。

每个人心中，驻着属于自己的"隐墅"，有些人把它寄托在能看到的地方，在田间或在郊野，又或在丛林幽谷，而有些人把她深藏心底，在月光下独自守望。人生能做的事就是长途跋涉后的归真返璞，心安处便是"隐墅"。

二零一四年底，开始和民宿打交道，和民宿主对话，帮助他们实现"拥有一家民宿"的梦想。四年来，我们为700多个项目提供资金超过40亿元，涵盖了民宿、酒店、书店、咖啡店等创新项目，通过有温度的资金，连接着人与人，人与空间，空间与空间。

于民宿而言，融资是困难的。银行的资金使用成本低，但条件也相对苛刻，租来的房屋不能做房产抵押，创业者个人信用贷款额度很低，满足不了创业者的资金需求。投资机构也看好这条赛道，赌定这是个万亿规模的市场，多家知名投资机构纷纷做了产业布局，但不同于TMT领域，业绩可以成指数级增长，民宿产业因投资周期长且回报率低，让这些投资机构折戟沉沙。众筹作为创新金融的代表，和民宿行业天然地粘合在一起。民宿讲究分享精神，民宿主将自己的房间分享，人生阅历分享，众筹给了民宿更多的可能，将经营收益分享，让更多的关注者参与进来，共为民宿创收并分享收益，降低项目的运营风险。

民宿的选址大多在风景绝美之地，而这样的地方或在远郊，或在深山，交通闭塞且周边配套设施较差，因此靠自然人流很难维持日常经营。营销之下，民宿品牌如何能够形成流量池，源源不断地提供优质的客人，就成了摆在民宿创业者面前的难题。众筹，不仅仅可以带来有温度的资金，而且可以带来更广度的传播，线上引流线下转化，短时间内引爆品牌在精准目标受众群体的影响力。

"隐墅"是一个美好生活的集群，民宿是"隐墅"的一个重要组成部分。乡村度假综合体靠单一住宿业态孤零零地落地，不仅自发吸引业态进驻太慢，而且要想地方政府单独为它做基础配套不现实，短期内根本支撑不了常态化运营。而现在无论从客源流量，还是内容业态导入，通过这种产业集群的操作方式，构成了维持集群良性运营的现实基础，集群化发展打通产业上下游的关系，无论是在乡村还是在城市，通过与周边景点和集群组成旅游度假目的地，打造"城·村·景·宿"四位一体的链动模式，以集群化的方式整合落地资源，达到以更少的资源投入实现最大化的价值产出。

就文旅行业而言，消费正朝着个性化、多元化、品质化方向发展，需要解决产品与服务供给不足、结构不合理的问题。文化和旅游融合发展应当从满足人民美好生活需要出发，以供给侧结构性改革为核心，隐墅模式是一次文旅产品的供给侧结构改革尝试，亦是美好生活的必经之路。

（周海斌：著名众筹平台多彩投联合创始人）

隐墅模式

从隐墅到归宿

繁忙的都市生活让现代人过得疲惫，从老人到小孩每一个年龄层都面对个别的压力。正因为如此，近年来休闲旅游成了市场上最好卖的产品，以休闲度假为主题的旅游配套设施，俨然成为了现代人短暂离开城市，假装放下烦恼回归乡村的好选择。这种归零的慢生活方式是这个时代的人积极追求的生活态度。

2018年底我遇见小马哥，中国隐墅创办人，一位极度努力的人，一位要把100个村落扛在肩上的人。在我眼里他是一个徒手能登顶的"傻子"，然而也只有傻子能不顾一切、不问回报地付出，匠人精神很是可贵。

第一次听见隐墅概念的我怀着许多疑问，深究后发现这有趣的概念中藏着一个人对农村的坚持。对我而言"隐"是"藏"，后来的了解"隐"是"归"。隐墅概念通过对老房进行空间再造、环境提升、文化融入，这恰好为现今复杂的社会人提供回到原点找到自己的平台。我们每个人心里都有一块空白，等着遇见"重来"，而隐生活给了等待的人一个退一步重来的机会。

盘云谷隐墅文化创意村是我到过的第一个隐村落，村内的57栋房子实实在在地记录了57个人隐生活的故事。我走进的第一栋是林家院子，入门的前院简单利落，走进屋内感觉有种回归的朴实与自在。而最让我印象深刻的是在村口的小馆门前来一桌农家菜，农村食材简单料理每一口都"食"在幸福。这村落还有一个特色就是文化与创意的植入，文创的融入提升了村内产业的价值，产业的结盟活络了村落，增加了旅游配套的丰富性，让旅游不限于旅游，而是更多的体验与学习。

中国隐墅创造了一种隐生活的方式，让日子变得更有趣，把文化导入生活，以传承让生活更有仪式感，让城市人真正回归乡村。故，"隐墅"也是"归宿"。

（赖淑薇：台湾花田民宿主人）

隐墅模式

与土地友好的设计才是好设计

莫干山镇黄郛西路48号,吕晓辉设计工作室所在之地。这里独门独院,院前小溪潺潺绕屋而过,红砖土瓦的老屋外观稍显陈旧,在一片绿树清水间颇有些遗世独立的味道。

2009年,吕晓辉偶然在莫干山脚下发现了这间杂草重生、破旧不堪的老屋,这里原来是一处图书馆,由时任民国政府外交部长的黄郛为莫干山小学所建,他将老屋租下,改造成为工作室,房子保留了建筑外立面的完整,只在室内用木板分割作了重新改造,他在博客中将此称为"我设计的新的尝试"——改造老屋,为建筑寻求更多可能性。

一、建筑要跟自然融合

吕晓辉信仰自然,认定凡是建筑设计的东西都必跟自然有关,"保护、延续传统自然村落文化"是他改造农居的最根本诉求。

他最早接触老屋改造项目是在2007年。

这一年,南非人高天成在莫干山镇劳岭村深处一个只有18户人家的"三九坞"租下八栋闲置的老式泥坯房,决定改建为可以接待客人的度假小屋——裸心乡,而吕晓辉是设计成员之一。整个设计讲究与周围自然环境的融合,他们保持了泥坯房原来的风格和材质,并在装修中大量运用旧家具,比如拆房剩下的雕花木梁、石墩、马槽,绝不破坏自然的东西。

转行前，吕晓辉是职业画家，曾经跟随一个美国商人收购中国老式家具，给对方画图纸。他发现老式家具的卯榫结构有很多学问，设计得非常合理。拿太师椅为例，结构复杂，但卸开来一颗钉子都没有，木头拆掉后还可以拿到别的地方用，这让他颇为着迷，也开始留意到那些用泥土、石头、木头、砖建造起来的乡村建筑，"很多夯土泥墙，当它倒塌了，没人住，又开始长草，又开始种菜了。"这段经历不禁让他重新开始审视失落的自然乡村文化，他悟出了一个道理："最永恒的设计就像农民造出来的一些东西，确实很好用，超出你设计师的想象。"

老房子是不是一定要拆建？乡土味的东西就没有一点价值？在吕晓辉看来，恰恰是这些被人遗弃的老房子代表了独具中国传统色彩的乡村建筑文化，它们跟自然的关系远远要比现代的钢筋混凝土建筑来得和谐、永生。"中国为什么这么多雾霾天气？跟建筑有关！全世界40%的水泥是中国用掉的，房子拆掉后全部变成了粉末。"他举了个例子：天津体育场，花了2个多亿建造而成，过了10年就要全部拆掉，在建造和拆除的过程都产生了巨大的垃圾。反观我们祖先做的建筑，完全没有违背自然，它从零开始，等到"末年"崩塌，转了一圈又回到零，是个非常好的循环。

"改造房75%是可循环的，内部装修材料大多是旧的，这是别的建筑设计类很难做到的。"裸心乡之后，吕晓辉受莫干山镇当地村民邀请，又陆续设计了三九坞乡村民宿、西坡度假村、隐居莫干等一系列德清乡间度假屋，全部采用当地的旧木、竹子、山石、夯土、旧砖、毛草等可循环可持续的建筑材料进行改造，对室内空间进行自然通风和保暖设计，没空调，没煤气，夏天用电扇，冬天用壁炉。

这种不破坏原有建筑外观的改造型乡村度假小屋被吕晓辉称为"超五星"，他的解释是，星级酒店所有的空间都是公用的，

隐墅模式

从公用区域跨到私用的房间，不会有诸如院子、客厅这样的过渡空间，但改造类的乡村老屋不同，它通常私密性非常好，有很大的院子，独立的客厅，视野开阔的露台，加上创意十足的配饰，柔软的床垫，绿色无污染的食材……"这些其实已经超过了五星级，也许比豪华比不上，但从人内心的享受来说绝对是超值的。"

提及度假小屋的未来，吕晓辉信心十足："上升空间很大的产业。"

二、设计跟经营要一脉相承

建筑设计过程中最看重什么？吕晓辉选择建筑的艺术性和商业价值，他不认为设计是一种独立的活动，成熟的作品要兼容建筑的艺术性和商业性，"对设计师来说，传达自己的设计理念始终是最重要的；对投资方来说，当然是商业回报率越高越好。"吕晓辉说，作为设计师，最关键的就是权衡好两者。"给你一大把钱，对设计师来说，这肯定是很好的一个商业价值，但要不要去做这个项目，首先得看做的意义性有多大，艺术性还是要有的。"在他看来，钱不是买到设计的唯一标准，如果客户在设计期间任意修改他的作品，他会直接终止合作，"当然，如果说建筑设计师做出来的作品都是倒闭的，那再有艺术性也没用。"

他有一个特别的惯例：和甲方合作前会先让对方回答20个问题，第一轮十个，第二轮十个。一般前十个问题很好回答，比如你的年龄多大？以前从事的职业是什么？为什么会去投资这个行业？投资方有多少人？预期的回报率是多少？预期的客房价格是多少？你的管理方是谁？喜欢我设计的哪些东西？为什么会找我？此述种种了解后，他再给抛出更细致的：大概计划投多少钱？风险抗衡是多少？管理模式是什么样的？基本两轮问答下来，十个里面筛选出一个就不错了。

吕晓辉说这样做的目的就是为了区别一些业主。在莫干山乡村度假小屋火了之后，很多人找他做类似的设计，有的人原因很简单："口袋有些钱，就想去投这个事，反正不会赔钱。"事实是，这个行业同样有风险，"可能再过两三年很多人都起来了，服务也比你好，装修也比你好，管理理念也比你优越，那时候就会有压力。"

在他看来，好的业主有两种。一种是本身非常懂设计，双方彼此理解，理念相同；一种是什么都不懂，只管确定投资回报率，期间绝不干涉设计师。他谈到自己做过的两个代表性项目：裸心谷和西坡。裸心理念的生活方式是坦开心扉，拥抱自然，回归本质，跟他的设计理念不谋而合。因此，在设计的时候，业主从不要求审阅吕晓辉的图稿，他相信吕晓辉的设计肯定跟自己的方向一致。而西坡的业主则属于第二类，"西坡29完全是按照我自己的想法来设计的。"

西坡29地势很高，用卵石砌成的地基离地面约有5米，整栋房子连同院子一起要再爬上近30级台阶后才会展露眼前，整个酒店居高临下，私密性极好。足足200平米的院子里除了常见的藤椅外，还设有吧台、篝火晚会区和一个小型戏水池，屋内随意摆放着一些旧东西，如古董太师椅、老书刊、老式的收音机等等。"在设计上营造出一种松散、自由的感觉。"

业主钱继良告诉我们，最初找到吕晓辉是因为喜欢他的设计，西坡29原本打算用来接待私人朋友，没想到会变得这么风生水起，携程网民宿排名第一！根据吕晓辉的设计理念，西坡29从运营到管理走的都是环保、有机、自然的路子，食材由山区的有机农场提供，服务上采取一对一的管家模式，只要客人有需求，管家团队都会帮你搞定。他们曾为客人筹划过一场求婚，"用的不是玫瑰或百合，是山里的一捧野花。场面非常浪漫。"钱继良说西坡希望营造出一种家的感觉，让客人来到西坡就像回家，没有那么多的拘束。"业主与设计师的理念要贯通、一致,甲方要执行、领悟。"他如此总结道。

作为一名设计师,吕晓辉比较幸运,遇见的客户大多能够理解并认同他的理念。他把与甲方的沟通比作打乒乓球,"打过来打过去,对吗?好,开始;不对,那儿有问题,再磨合。"与客户意见相左时,他喜欢拿事实说话:"我现在的设计都在盈利,而且评价非常好,所以请听我的。"

三、设计是没有声音的语言

吕晓辉相信建筑是有灵魂的,当你第一次面对它的时候,它会给你一种觉知。

设计就像找女朋友,需要你去跟房子对话。在设计过程中,他会静静坐在房子里感受,哪里是优势,哪里是劣势,想清楚了才开始画图。为裸心谷设计"裸叶"水疗中心时,吕晓辉喜欢坐在中心所在的山谷里想象这个地方未来的样子,"和水有关,和自然有关,很环保,很安静,如镶嵌在自然里,不会被人轻易去发现。"他想到了落叶,飘落在地上自然地重叠覆盖在一起,里面却蕴藏着另一个漂亮的世界,蚂蚁或昆虫在下面生活,就像阿凡达电影中不经意被人发现的天堂般的景象,"所以,'裸叶'水疗中心整体看来就像自然飘落的叶子隐匿在山间,屋顶则似一片落叶覆盖在自然中,一走进又是另一个世界。"

他认为,设计是没有声音的语言,传达出一些意识。表面上看,建筑是一个形体化的东西,给人一种视觉印象,"很美或很丑",但从本质上来说,建筑与人的关系就像文化跟场所,它给人提供活动的空间,是文化的载体,传承很多文化,用一句话概括就是"什么样的建筑形式代表什么样的文化。"

谈到设计师这份职业的吸引力,吕晓辉觉得最有意思的地方就是能够把自己的想法变成现实存在,并通过作品满足人们的某种需要，影响他们对生活的态度，而自己在此过程中也能得到快乐。

在莫干山镇改造老屋的几年，最让他欣慰的是，当地村民开始慢慢试着去理解、接受这种新的设计，不会再一味认为老房子毫无用处，他会想"我们的房子可不可以跟他们一样。"吕晓辉说他遇见过一个村民，花了七八十万造了幢新房给父母住，装饰得很洋气但一点用处都没，对方跟他抱怨："还不如你们这样改造，还能用来招待招待朋友，做做生意什么的。""农民不改造的唯一原因就是周边的文化影响还不够，建新房很多是为了面子，别人造了新房，他也要造。"在吕晓辉看来，"跟人的内心一样，房子的内里饱满了，所有的外表也就都简单朴素了。"

他特别注重建筑的功能，在他的设计里，你会发现，建筑的实用价值占了很大份量。设计中，他会先想把空间的功能列出来，比如这个地方做什么，是玩电脑、吃饭还是坐在沙发看风景，罗列好后再想怎么把它做漂亮。"功能肯定占70%，设计的壳子占30%，但可以用30%的东西去挑动它70%的力量。"吕晓辉解释说："有时候一个东西可能左右50%是平衡的，但在设计领域，可能会不一样，它在三七开的时候可能就要达到一个平衡，既要好用又要好看。"

问及最满意的做品是什么，吕晓辉直言设计的纯度要求非常高，想做到毫无瑕疵很难很难，"建筑并不是一个人能决定的作品，设计师需要跟业主、施工方、软装各种人物去协调，肯定会存在你允许范围内的瑕疵，能把这些瑕疵修饰得尽量少就是一个很好的作品了。"比起作品，他更确定的是自己最满意的设计：把废弃的房子变为有生命、有思想的新空间，将新的文化传递给社会。

（文中人物吕晓辉：著名设计师，裸心谷、裸心乡、裸心堡主创）

隐去设计

一、让设计消失

一直以来我们都过于强调设计，连设计这两个字都带有明显的意图，那么，不如，隐去设计。

遵循自然的本原，遵循道，不违反事物的规律。

从设计上来讲，就是不刻意显现人为的东西，造作摆设。

创造一个充满温馨气氛的空间围合，温情，放松，自然而然。

正如日本著名建筑师隈研吾的设计理念"让建筑消失"，尝试用无秩序的建筑来消去建筑的存在感，简化设计本身。

更柔软的设计

从生活的角度：更温暖、更人性化

在隐设计中，设计本身并不会很引人注目，但总能散发出一种平静的力量，舒缓心静的气息，设计的重点并非是传达设计美学本身，那是课堂的任务，设计的任务是传达生活美学，所以生活方式才是核心。

在隐设计的体系中，我们强调五大设计原则

遵循，不违反。

自然，不造作。

整体，不刻意。
舒适，不锋芒。
隐去，不突出。

更生态的设计
更文化：人文、亲情、传承
更自然：更自然、健康、轻松

更轻盈的设计
更温暖舒适的材质，摒弃奢华
轻生活
一种减法的概念，一切简化到最简单的境界
轻心，轻体，轻食，轻居

二、隐生活
隐居，
从大城市到山林里，返璞归真；
禅意的栖居，
东方独有的文化特征，
西方人讲诗意，东方人讲禅意。
西方诗意生活强调浪漫，
而禅意生活强调内心平静舒缓、本真，返璞归真。

休闲或是修行
过去的度假：观光为核心，居住并不是重点，风景才是；
现在的度假：是休闲，甚至是修行，所以放松是重点。

隐墅模式

更禅意的生活

禅意地栖居意味着安静、生态、私密、个性,更注重内心的舒缓,意味着回归,意味着传统文化的复兴,意味着传统文化,手艺、老街、古建筑、老村落,在地文化,土本文化的复兴。

包括意味着反材质,反奢华,反一切显性的东西。

而随着大概念的融合,传统的卧室、客厅、书房的结构方式已死,也不再区分民宿、酒店、景区、村庄、山林,生活跨越它们,让它们不再有界限。

(吴极中:美栽堂美学设计实验室创意总监)

山水间的隐艺栖居——古堰画乡

"青江潺潺,白帆飞扬",这是丽水瓯江上以江为生的渔民的生活场景。自20世纪70、80年代甚至更早的时候,丽水本土的摄影师以及画家们经常会结伴前往位于瓯江中段的一个小镇采风画画,这座小镇现在叫"古堰画乡"。这里原生态的自然与生活一直以来让艺术家们向往,尤其是丽水一批本土油画家,经常会前往写生,瓯江一侧的大港头老街、巷弄、宅院、江畔……江对岸的保定村,明代宫廷画师、浙派人物画大师吕文英就生活在这里。还有堰头村的古堰、古樟、古村、古宅等,无不成了画家们眼里取之不尽的素材。

一、生活到艺术,距离生产美!

古堰画乡小镇坐落于浙江省丽水市西南23公里处的大港头镇和碧湖镇,核心区面积有3.91平方公里,常住人口15117人。瓯江与松阴溪交汇,形成了枝丫状的地理空间,处于碧湖平原西南角,千年的通济古堰,两岸山丘叠映,村落交错,古朴纯然。瓯江一侧,自古以来商贾船只过往繁密,形成了重要港埠。优美的自然环境,与独特的地理人文厚度,让这座小镇的诗意一直源远流长。

原生自然与古朴的生活因为艺术家的介入慢慢产生了一些化学反应,原本隐逸的日常生活,经由画家与摄影师的创作,艺术与生活的碰撞，生产出了许多美景图画，丽水本土的画家经过多年的坚守实践，逐渐形成了一种艺术氛围，围绕着古堰画乡展开，外面的艺术家们通过作品知道了这里，于是慕名前来，采风交流。形成了常态化的艺术氛围。俗话说"距离产生美"，随着艺术家的到来，这种生活与艺术的"距离"变成了一种生产力，制造出了这座小镇以前从未有过的艺术人文景观。

二、艺术到旅游，诗意生产美！

渐渐地，来古堰画乡画画的人越来越多了。地方政府后来在考察中了解到这里的人文自然与艺术氛围后，正式提出以"三基地一中心"的理念来打造古堰画乡，借以山水生态招引画家入驻的方式来营造一种艺术的生产生态！2006年第一批画家响应招引入驻到了古堰画乡老街，带来了不一样的生活。加上每一年都有来自全国各地数万名艺术院校师生来此写生，与当地的画家形成了交集，与入驻的画家们形成了浓郁的艺术人文氛围，开始吸引着本地的老百姓在周末闲暇时到古堰画乡来走走停停。人们开始关注这个小镇，喜欢这里的优美与宁静，尤其还能遇见画家摄影师等艺术家在此采风，有画家在此生活，人们看到了在古堰画乡有某种"诗意"，很快这种"诗意"变成了一种生产力，与旅游在无形之中达成了默契，许多与艺术无关的人纷纷到这里来游玩，旅游的人数与日俱增。

三、旅游到文创，品质生产美！

优美的山水，诗意的生活，古堰画乡逐渐成为了周边城市人们心中的理想旅游目的地之一。政府的努力，使古堰画乡的旅游得到了快速发展！经过几年的努力，于2014年创成了国家4A级景区，国家首批特色小镇，近几年又连续获得浙江省优秀特色小镇称号。随着旅游的带动，一种经由生活方式引导出来的度假生活，开始吸引越来越多的人慕名前来停留与创业。关于美的生活追求成了催动力,近年来陆陆续续有人来到古堰画乡,他们当中有归国华侨、单位文青、手工艺者等等,他们放弃原本的生活,来到画乡重新安放自己,出走喧嚣,归回安宁,然而他们却不是安逸与避世,而是对于自己生活品质有新的追求,比如"一默家""米乐娜"等,她们都是放弃了自己原来的工作与生活,来到画乡,面对着这里的青山碧水,诗情画意,就像画家的生活那样,通过开民宿,生产属于自己的文创产品,香包、陶艺、香薰等等不一而足,深得游客的青睐,她们在自己的"品质生活"中,带着创造力,制造出令人羡慕的新生活之美。

四、文创到生活,生活就是美!

艺术来源于生活,又归于生活。社会的发展和科技的进步,正以更快的速度改变着我们的生活方式,乃至于"停留"也变成了一种奢侈,许多喜欢古堰画乡的人都有一种相同的感受,那就是这里是让人可以停留的地方,因为这里还留有生活,原生的;同时这里又有新的生活,现代的;更重要的是这里有艺术的生活,文艺的。目前古堰画乡的创客们,正在悄然地演绎一幕幕生活之美,"品质"来源于"文创",文创的"灵感"又来源于"生活",正像"艺术"也来源"生活"一样,以一种"艺匠"的生活方式,在悄然变身,他们懂得从自己的经历出发,利用自身资源,发挥一点技艺,打造一个平台,构建一种影响力。从生活中来,重新回到生活本身,用"一个故事""一个空间""一门手艺""一个工坊""一万粉丝",五位一体地找到了属于自己的那一份美好,自己就是最好的产业链!

新的画乡人正在以一种"隐艺"的生活方式留驻于此,他们每个人都在各自的生活里制造着关于艺术的、品质的、朴素的、原生的、自我的张力!围绕着自己展开,经营着新的生活,不

隐墅模式

事辉煌，平淡怡然，正像古堰画乡的山水，看似轻盈，实为魅惑！此般魅惑即像是一种关于美好生活的希望，在古堰画乡，弥漫着，扩散着！

（雷建华：丽水古堰画乡管委会副主任、青年油画家）

隐墅模式与台湾地区乡村发展异曲同工

台湾地区乡村旅游之所以能发展成功,在于其实现了多元业态的综合发展。将农村文化体验、三产融合乡村品牌故事、当地特色食宿、产业景区意象连结完美融合,满足了游客放松身心、享受乡村田园之乐的体验需求。

2018年,大陆提出乡村振兴战略,民宿及乡村旅游产业蓬勃发展。但是,住宿仅是乡村旅游的其中一环,要想留得住人,还须挖掘旅游产业所在地的文化特色、塑造主题,并与当地食、宿、游、购、行、娱、育、美等产业实现衔接。

发展地道的乡村旅游,始终离不开文化与生态两个主题。这就要求,乡村旅游必须保留乡村的原汁原味,同时更要扎扎实实呈现其内涵。只有在此基础上,再赋予新意,乡村旅游才能与众不同。实现吸引游客、振兴产业的目的。

"青蛙共和国"位于南投县埔里乡桃米村,此处青蛙种类繁多,达23种,占台湾地区原生种蛙类的80%。作为"9·21"大地震的重灾区,桃米村在当地"政府"与"新故乡基金会"组织的帮助下,将青蛙作为灾后重建的主要载体和新文化符号,成功将桃米生态村打造为"青蛙共和国"。

村民们在专家的指导下,自己动手,用纸、布、石头等乡村材料,制作手工艺品,很快使桃米村从一个地震废墟变成一个以青蛙为主题的生态文化休闲场所，成功开启了桃米村灾后生态旅游和生活的新篇章。

走进桃米生态村，处处可以看到青蛙元素。各种可爱的青蛙卡通形象和图案，一家家民宿院落里的生态池——青蛙的生态家园，以"公蛙"和"母蛙"来命名的厕所等随处可见。除景观建设之外，桃米村还延伸出一系列青蛙元素的文创产品和建设工坊，形成了独特的青蛙工艺产业及特色文化。

"听取蛙声一片""与青蛙约会"，这都是桃米村推出的以青蛙为主题的体验活动。由于蛙类大多是夜行性动物，因此桃米生态村推出的"与青蛙亲密接触"活动也多在夜间。在环境清幽的桃米，头顶满天星斗，游客们可手持电筒，脚穿雨鞋，循着各种蛙鸣，涉溪寻找并观察不同种类的青蛙。桃米生态村还针对小朋友推出青蛙彩绘、制作青蛙粿等活动。

桃米生态村还通过开设系列生态课程，在村里培养了一批"生态讲解员"，为游客介绍青蛙的保育知识。生态讲解员会给游客提供生动有趣的讲解，让游客们在玩乐中学习，并充分感知生态之美。

通过近几年的发展，桃米生态村的产业已经从青蛙观光、生态、旅游，延伸到了影视、媒体等产业。2014年，台湾推出了一部3D立体动画电影——《桃蛙源记》，这部电影以桃米为原型制作，受到了观众们的喜爱。产业链条的不断延伸和生长，开辟了桃米生态村可观的未来。

青蛙是桃米村动植物的代表，生态农业的符号。没有青蛙和青蛙自由的天地，就没有良好的生态环境。没有了良好的生态，也就没有了桃米人的生计。所以，桃米人自发地将青蛙推崇为自己的"老板"。

经过数年的发展，桃米"青蛙共和国"周末和节假日日接待游客达到了1500人，平时每天接待游客也在500人左右；每年仅门票收入就有200多万元人民币。青蛙引领的生态休闲产业每年为这个村庄带来了3000万元人民币的收入。

桃米社区稻花香里民宿老板说：听取蛙声一片。"青蛙共和国"的青蛙们，围绕来自城市的客人，奏响了蛙鸣交响曲，跳起了蛙秀迎宾舞。

休闲创意时代已经来临，休闲农业是时代的机遇，休闲是人的需求，而创意是不会枯竭的动力，是休闲农业成功的重中之重。做休闲农业一定要"谋定而后动"，要与专家、有经营理念和经验的实战派共同谋划。

（张玉成：台湾农特产品行销协会会长）

隐墅模式

隐墅模式是乡村振兴的好IP

观光是无烟囱的工业，无教室的教育，无形式的外交。

台湾民宿发展近30年，已由传统定义的家庭副业蜕变转型为专业经营，并能发挥在地特色，创造附加价值进而建立自有品牌走向了国际营销，吸引了全世界游客的目光。

但近年来受国际大环境的影响，台湾观光业面临巨大考验。

从目前来看，国际游客已不再心仪于那些大型著名景点，而更愿意造访秘境进行深度旅游。而那些年龄在15~59岁之间的工作年龄消费者也成了新兴市场的消费族群，这些消费者则来自于城市！

因此，台湾观光业想要通过考验，就要从基础建设筑底打造地方特色，运用话题及智慧营销手法吸引旅客驻足，让游客高兴地来、欢乐地游、愉快地住、感动地走！而隐墅模式就完全符合台湾乡村文旅发展的这种理念，是乡村振兴的好IP。

（刘玲玲：台湾民宿联合总会原会长）

YIN SHU
MO SHI

附录 I
乡村振兴经典案例赏析

隐墅模式

袁家村：解决三农问题的创新者

袁家村位于陕西省礼泉县，这里周边有着丰富的历史文化资源，距袁家村10公里的昭陵就是世界上最大的皇家陵园，唐肃宗建陵石刻也是关中地区帝王诸陵中数量最多、保存最完整的石雕石刻群。如此多的历史文化资源，让袁家村具有天然的项目优势。

2007年以后，袁家村开始以乡村旅游为突破口，打造农民创业平台，解决产业发展和农民增收问题；以股份合作为切入点，创办农民合作社，解决收入分配和共同富裕问题，通过一

袁家村标志

系列创新实践，现已成功探索出一条破解三农难题的新路径。

"袁家村模式"是袁家村人在党的领导下，把农民组织起来，自主创新，解决三农问题的思路和经验总结。其主要内容有以下几个方面：

一、支部是核心，农民为主体

袁家村以前是个只有62户286人的小村子。地处关中平原，渭河之北，干旱贫瘠，资源稀缺。历史上是个"点灯没油、耕地没牛、干活选不出头"的"烂杆村"。2000年以后，袁家村逐步沦落为一个"空心村"。

2007年新选出的党支部义无反顾地担当起振兴袁家村的光荣使命和责任。新选出的党支部一班人有理想、敢担当、事业心强、责任心重，对群众感情深，对自己要求严。支部书记郭占武思路清晰、目标明确、心胸宽广、干事执着。十多年来，党支部始终是全村的核心，时时刻刻发挥着战斗堡垒作用。方向支部定，大事支部决；支部是群众的主心骨，支部是干部的指挥部。支部有思路，支部有能力，支部有威信，支部有感情。袁家村党支部把为群众办事，为群众谋利作为一切工作的出发点和落脚点。凡举一事、出一谋，必看群众是不是答应，群众是不是受益，群众是不是满意。坚持这个标准，什么事该干，什么事不该干就有了答案。从开办农家乐、建造民俗街到兴办作坊、成立合作社，从招商引资到进城出省，都是支部先拿主意，交由群众讨论，征求意见到户，思想工作到人。因为认识一致，思想统一，"人心齐，泰山移"，才能举全村之力，求快速发展之效。

三农问题的核心是农民，如何确立农民的主体地位关乎新农村建设的成败。袁家村在发展之初，党支部书记郭占武就明确提出自主发展的路径。他们没有等、靠、要，也不迷信、不幻想外部力量。坚持村民的主体地位，树立村民的主人翁意识，让村民当家作主，自主发展、自我发展。直接承接党和政府的各项惠农政策。在自力更生的同时，积极引进和吸纳外来资本和资源，为我所用。目前，在袁家村投资的外来资本规模和项目总量都远远超过村自有投资和项目，凡是符合袁家村的发展需要和确保村民利益的项目就能落地。凡是不符合村发展规划的、短期行为的、失去控制权的项目，一概拒绝。对比目前各地普遍存在外来资本下乡，主导和把控乡村旅游和乡村建设，村民失去土地、失去话语权的同时也失去主体地位，成为附属，被边缘化的情况。袁家村的经验尤为宝贵，发人深省。袁家村就像一面镜子，照出各地特色小镇和美丽乡村建设中普遍存在的问题和困境。

二、因地制宜，自主创新

2007年以前的袁家村是个典型的"空心村"。既没有山清水秀的美景，也没有古镇老村的风貌。一些专家学者考察后认为袁家村根本不具备搞旅游的条件，建议另找出路。党支部书记郭占武超越陈见，大胆创新，提出打造关中民俗文化体验地，以乡村旅游带动产业发展的新思路。他见人所未见，闻人所未闻，化平凡为神奇，发商机于寻常。从村民的日常生活中挖掘资源，从乡村的传统习俗中挖掘资源。在没有任何外部专业机构和专业人士的帮助和参与下，自立项目、自筹资金、自组团队、自己策划、自己规划、自己设计，带领全村的父老乡亲，硬是在一片荒沟荒地和旧厂区的废墟上建成了今天享誉全国的关中印象体验地旅游景区，使关中民俗文化再现神韵，大放异彩。从"异想天开"到"无中生有"，是创新创造了奇迹，创新创造了价值，创新让袁家村走出困境，焕然一新，生机勃勃，充满活力。

郭占武及其创新团队从实际出发，量力而行，循序渐进。不贪大求全，毕其功于一役。把乡村旅游作为袁家村发展的突破口，全面向服务业转型。并提出分步实施，逐步推进的发展思路和战略。在全国率先奏响节奏分明、曲调流畅的特色小镇和美丽乡村建设"三步曲"。

第一步是乡村旅游，留住乡愁。

以关中传统老建筑、老作坊、老物件等物质文化和非物质文化遗产所代表的关中民俗文化为内涵，以乡村生活、农家乐、关中小吃和当地农民参与经营为特征，建设关中印象体验地——村景一体的体验式旅游景区，初步满足了都市居民周末一日游的需求，也解决了村民就业和收入的问题。

袁家村建筑

第二步是创意文化，休闲度假。

以艺术长廊、书屋客栈、咖啡酒吧、创意工坊等新业态和文创青年、时尚达人参与投资经营为特征，增加和丰富了景区的经营项目和服务功能，进一步满足都市居民休闲度假和文化消费的需求，并吸纳周边更多农民就业和参与。逐步实现了阳光下的袁家村向月光下的袁家村的转变，即由一日游向两日游、多日游和度假游转变。

第三步是特色小镇,美丽乡村。

以更多资本和人才的进入,带来更多要素和资源,全面扩大、充实和提升袁家村关中印象体验地社区和景区,形成基础设施完备、服务功能齐全,各类人才聚集,第三产业发达的新袁家村。既有田园风光,又享时尚生活;既有现代气息,又有乡愁民俗,宜业宜居的特色小镇和美丽乡村,充分满足了人们对高品质生活的向往和追求。

十年磨一剑,袁家村的创新发展成绩斐然、硕果累累。先后获得国家AAAA旅游景区、中国十大美丽乡村、全国乡村旅游示范村、中国十佳小康村、中国最有魅力休闲乡村、国家特色景观旅游名村、全国一村一品示范村、中国乡村旅游创客示范基地等殊荣。小小村子汇聚八百创客,吸纳三千多人就业,带动周边万余农民增收,年接待游客达400万以上,可计算旅游收入愈3.2亿元。村民人均纯收入76000元。这不能不说是一个奇迹。

三、把农民组织起来,走共同富裕道路

袁家村发展的出发点和目的是增加农民收入、改善农村环境、提升农民生活质量,实现共同富裕和可持续发展。为此,党支部书记郭占武从袁家村实际出发,创新思路,勇于探索,总结出一整套把农民组织起来的步骤、方法和形式。具体做法如下:

第一步,创建农民创业平台

以袁家村关中印象体验地为载体,通过袁家村农民学校对村民进行教育和培训,使村民初步具有服务意识和经营能力;然后提供优惠政策和基本条件,让村民分期分批低成本或无成本进入平台。郭占武主持的创新团队根据市场调研,设计业态、遴选项目、挑选商户。

第二步,培育和扶持优势项目

根据优胜劣汰的市场法则,对所有项目和商户进行动态管理。不断淘汰无效供给，补充新项目。经过市场选择，发现和确定优势项目，加以扶持和培育。并进一步考察市场前景，评估风险和效益。最终确定具有良好市场前景，可以扩大再生产并产业化的优势项目。

第三步，增资扩股，成立农民合作社

在此基础上，对优势项目增资扩股，成立农民合作社。加入合作社的原则是：全民参与、入股自愿；钱少先入、钱多少入；照顾小户、限制大户；风险共担、收益共享。各个项目互相参股，你中有我，我中有你。通过调节收入分配和再分配，避免两极分化，实现利益均衡，达到共同富裕。

四、政策引导，政府帮扶

党和政府高度重视袁家村自主创新，解决三农问题，建设社会主义新农村的实践。中央和省市领导同志多次亲临袁家村视察和调研，予以指导和鼓励。陕西省委2016年一号文件明确提出"袁家村模式"并予以推广。礼泉县委和县政府坚定不移地贯彻落实党中央的农村工作政策，充分尊重、积极引导袁家村人民群众的创新实践，营造有利于袁家村创新发展的大环境并在政策、配套、培训和服务等各方面给予大力支持和帮扶。袁家村的探索始终是在党的领导和关怀下进行的，始终坚持正确的政治方向和实事求是的精神。

五、袁家村的基本经验和意义

袁家村模式即袁家村的发展思路和基本经验，概括起来最重要的有以下几点：

以支部为核心，以村民为主体；

以创新谋发展，以共享促和谐；

以乡村旅游为突破口，打造农民创业平台，通过三产带二产促一产，实现三产融合发展；

隐墅模式

以股份合作为切入点，通过调节收入分配，避免两极分化，实现共同富裕；

树立社会主义核心价值观，注重精神文明和思想教育，弘扬优良传统，淳厚乡风民俗。

袁家村的探索和实践证明：坚持党的领导，贯彻落实党的农村工作政策；党支部发挥战斗堡垒作用，书记起到带头人作用；坚持农民的主体地位，把农民组织起来。农民不仅有能力自主创新，创造巨大的财富；也有智慧、有办法公平合理地分配财富，达到共建共享、共同富裕的目的，实现伟大的中国梦。

本内容由《中国乡村振兴袁家村课题组》提供

莫干山洋家乐的田园城市化之路

田园城市，指的是为健康、生活和产业而设计的城市，四周有永久性的农业地带环绕。在田园城市的建设上，浙江省德清县有着得天独厚的优势。德清县旅游资源丰富，在自然资源方面，拥有中国四大避暑胜地之一的莫干山，也拥有AAAA级的旅游景区、国家级的湿地公园"下渚湖"。在历史文化资源方面，德清拥有农耕文明的源头"良渚文明"与瓷器鼻祖的青瓷文化，拥有耕读传家的儒家士大夫传统，幽静恬淡的隐逸文化，还有以民间节会为代表的农村民间文化、采摘节和户外运动为代表的现代生态休闲生活，以及茶文化、桥文化、宗教文化、游子文化等等文化元素。

在利用这些元素的基础上，德清县以"两线两点"为布局，积极发展品高质优的乡村旅游产业，打造了"中东部历史人文观光线"和"西部环莫干山异国风情休闲观光线"两条主线。除了人们熟知的"农家乐"之外，"洋家乐"已成为德清的一大特色。

所谓"洋家乐"，即外国人在中国农村经营的农家乐，投资的是外国人，经营的是洋派的作风，这种"洋"，也许更应该理解为是"洋气"，是更富有设计感和时尚生活气息的民宿或酒店。

隐墅模式

德清的"洋家乐",最早是在2007年,南非人Grant Horsfield和太太叶凯欣开始在德清县的莫干山脚一个叫"三九坞"的小村,租用了几幢村民的土坯房,以此为基础开设了第一家"洋家乐"。这个"洋家乐"一开始取名为"395"。后来,他们又看中了附近的一片林场,在买下后投资了数亿元建起了一个生态度假村,这就是"裸心谷"。取名为"裸心",也有倡导返璞归真、回归自然的生活态度。而裸心谷所在的乡村,也被冠以"裸心乡"之名。

裸心谷这里坚持的是不砍伐、不装饰、不污染,一切以原生态为主。叶凯欣还为裸心设计了为中国客人提供的SPA、采茶、骑马、游泳、徒步、爬山等活动项目。

裸心堡

裸心谷的设计,注重的都是要使其与周围的自然环境能融合在一起,让人能够无拘无束地接近大自然。因为一切都是原生态的,在这里吃的、饮的、享受的基本都是原生态的东西。

2011年裸心谷建成以后,有资料显示,仅仅6年多的时间就接待了3000多万名游客,每幢房子每年的利润都超过100万,裸心谷也因此成了中国最赚钱的度假村之一。

当然，裸心谷在经营上，不只是卖酒店和客房，其中的30栋树顶别墅也是可以出售的，只有夯土小屋是自留的。在这些树顶别墅推入市场中以后，很快就卖掉了其中的七成，30栋卖掉了22栋，也因此，裸心谷仅用了18个月时间就收回了成本。

现在Grant Horsfield投建的另一裸心品牌裸心堡也即将建成。裸心堡筹备了4年，总投资近3亿元。2017年年初，裸心堡开始接受预定。建成后的裸心堡，灰色的城堡坐落在山顶，来宾需要从半山腰坐小高尔夫车才能抵达。以城堡为中心的酒店拥有85间崖边或者是林间的套房，10间城堡内的主题套房，价格从每晚2000元至6000多元不等。

继裸心谷和裸心堡之后，德清县的"洋家乐"已遍地开花，莫干山镇、筏头乡总共拥有来自南非、法国、英国、比利时等10多个国家投资建设的各类"洋家乐"35家，采取公司、国际友人、文化创意人士投资经营等多种形式，其中"裸心谷"和"法国山居"最为知名。"洋家乐"也已成了德清县的一种旅游新业态，在7年的发展中，一条独具特色的乡村旅游发展之路也越来越清晰。在这些"洋家乐"的带动下，德清县也因此被评为省级

莫干山"洋家乐"

隐墅模式

旅游经济强县,浙江省首批中国低碳旅游示范县。

为什么"洋家乐"会在德清县茁壮成长。这从德清县的两个坐标上可以看出端倪。纵向的坐标是德清县早有洋人前来的踪迹,外国人有一种莫干山情结。1890年,第一个外国人,传教士佛利甲来到了莫干山,被这里优越的自然环境所吸引。之后,有更多的外国人来到这里,并在莫干山中建起了很多别墅,形成了各具特色的别墅群。横向的坐标是这些年来,欧美国家与我国全面建设小康社会的理念也开始逐渐交融。于是在这两个坐标的影响下,莫干山也就有了"洋家乐"出现的基础,而且其目标面向中国市场,也让它具有了更大的市场机会。很多人愿意来"洋家乐",莫干山优越的自然环境也是其中的主要因素。

源自于浙江在线·旅游新闻网《宋国诚:一个台湾学者看浙江》

丽水山居公共品牌的建设

浙江丽水，有着独特的自然地理风貌和生态条件。这里的地形地貌"九山半水半分田"，市内有3573座海拔1000米以上的高山，总共保存有具有乡土特色、有明显历史印迹的古村落107个，总量位居浙江全省第一，丽水是名符其实的"江南秘境"。

这么多传统古村落和古旧老宅，让丽水的民宿有了先天的根基和良好的生存发展空间，也因此就催生了"丽水山居"民宿公共品牌。这个公共品牌不仅是对丽水特色的提炼，也是一种品质生活的表达，是给心灵的一个居所，给乡愁的一个归处。

在丽水山居公共品牌的建设中，对民宿的选址和布局都有明确的要求。选址时遵循"合法、安全、环保、省地"的原则，尽量不占或少占优质农田，避开国家、省、市法律和法规规定的各类应当避让的区域。在充分考安全的基础上，对以下几个方面进行了考虑：①可进入性。主要考虑与公路、铁路或水路连接距离和进入被选地址的便捷性。②可依托性。主要考虑靠近景区、景点和规划为乡村旅游开发的区域。③可借用性。主要考虑是依山、依水和依村落。

"丽水山居"品牌LOGO

建筑布局则体现出相融性和多样性的原则，必须顺应地形、宜聚则聚、宜散则散、突出地域特色。

在建筑的过程中，要求无论是新建还是修建，"丽水山居"的建筑都应坚持结构民居化、装饰主题化、文化融合化的原则。建筑要求分房屋外观和房屋内部建设两部分。

房屋外观建设

房屋外观建设是"丽水山居"的元素之一，应注重屋顶、门窗、栏杆、墙体和装饰等特色的建设。屋顶的式样、材料、色彩应与自然景观和当地民居相适应。如果是坡屋顶，其形式可采用双坡屋顶、单坡屋顶和局部坡屋面的处理手法。应尽量就地取材，采用当地材料，屋瓦样式应该统一。檐口、屋脊也应采用当地传统样式。如果是平屋顶，宜进行装饰处理，并充分考虑安全要求。伸出屋面的楼梯间，其形式应与建筑形态整体综合考虑。

门窗建设时应注重色彩、形式、材料的多样化的组合方案。①门和门斗的建造应考虑农村传统的宽大高的风格，应呈现个性化的处理手法。②同一组团内可有多种形式的开窗方式，灵活设计窗眉、窗扇等窗户样式。③三层以上（含三层）的窗应设置安全设施。

栏杆采用混凝土、砖、木、陶瓷等材料,以传统花格样式为宜,并与建筑外立面风格相协调。二楼以上的栏杆则必须采用防止儿童攀登的构造。

过云山居民宿

墙体是"丽水山居"建设的一个重要特征,我们主要注重的是以下几个方面:①对传统墙体用现代工艺手法进行简化建设,保留与传承丽水古民居建筑风格,用传统工艺修建墙体,同时应注重与周边建筑、植被等环境风貌因素的协调。②墙身建造材料应立足于就地取材,应与建筑结构形式相匹配。③墙身应结合门窗、檐口、雨棚、基座和勒脚等多种元素。

根据丽水的地理气候特征,我们将墙面颜色采用暖色系或中性色彩为主,采用中、高明度、低彩度的色彩,注重色调的搭配,保持乡村建筑原本极具魅力的多样性与丰富性。尽量采用外墙彩绘、立面设置小构件、仿木窗套等一系列形式多样、丰富的建筑符号来体现丽水浓郁的地方特色,提升识别度和归属感。

房屋内部建设

房屋内部建设,我们主要注重内墙修饰、防火、采光、通风、隔音、防漏、防潮等舒适性技术问题的处理。

内墙修饰也是"丽水山居"的元素之一，主要注重利用当地的民俗文化、历史典故、风俗习惯和民间工艺、手艺等，结合现代生活的元素进行个性化建设。

内部防火材料和采光、通风、隔音、防漏都按照一定的国家标准进行。

庭院建设

庭院是"丽水山居"必要的元素，包括落地式和架空式。落地式庭院内硬质铺装不宜采用大面积混凝土硬化，应采用可复耕的生态方式进行。庭院地面材料宜就地取材，采用渗水型铺装方式，并与环境相结合。庭院布置应考虑给水和排水的组织。

架空式庭院铺装宜用木、竹等材料，采用混凝土硬化时应做必要的装饰处理。应注重承载安全，设置最大承载提示。

庭院内要素包括：色彩、香味、声音、触觉、功能、透视、生态与个性。在色彩上，要注重庭院设计的色彩、色相及色调。充分利用原色和轻淡色彩，使庭院气氛自然、活泼。在香味上，庭院中宜为每个季节种植一些香花植物。如：蔷薇、茉莉、瑞香、迷迭香或丁香。在声音上，庭院应注重自然声音的打造。如：溪流的潺潺声，泉水的叮咚声，小鸟的啁啾声，叶片的沙沙声或柔和悦耳的钟声等。在触觉上，庭院应注重自然植物触觉的体验。如：毛绒绒的叶片、怕痒的叶片等，都意味着触摸甚至爱抚的存在。应避免种植易过敏或具有刺激性的植物。在功能上，庭院应注重有效与合理利用村落传统肌理、庭院空地与天然材料。如：农耕体验场、儿童游乐场、种植菜蔬、休闲休憩、户外娱乐等。在透视上，庭院应注重观赏的角度与方式的选择，特别是露台、阳台等。如：从平台、透过窗户还是平地角度来观赏，以一览无遗还是移步异景方式等。在生态上，庭院应引入一些野生的植被。尽可能选择能丰产及自我循环的本土化植物，少用硬质园景。在个性上，庭院应与当地人文、山居建筑与自然景观相协调。同时加入具有山居主人特色的东西，形成一个独一无二的个性化特征。

在田间民宿

接待设施

丽水山居的基本接待设施包括：客房、餐饮、通讯、标识、交通等。

（一）客房设施

"丽水山居"的客房基本设施在房间规格、房间内部陈设、床铺、公共活动空间等方面都有精心安排。

"丽水山居"房间通常以家庭式、套房甚至通铺为主，应体现农家屋宽敞的特点，必须有独立洗漱间和布草间（布草柜），人均居住实际面积不宜低于5平方米，卫生间面积不能小于4平方米，客房标准间的高度净高不能低于2.8米，客房净面积（不含卫生间）不能小于14平方米。客房种类则包括单人房、双人房、三人房、四人房、通铺和套房。

隐墅模式

"丽水山居"客房内部布局合理，舒适宽敞，客房装潢简约、朴素，主题特色明显。家具配置风格迥异、设施齐全，摆放合理，体量适当。①客房设有床、床头柜、椅、衣柜、茶几等配套的家具；②备有茶杯、拖鞋、毛巾、浴巾等生活用品及服务指南、宾客须知等相关资料；③客房内单设卫生间，配有抽水马桶及洗浴设施，干湿分离，清洁卫生。配备梳妆镜、洗脸盆。地面经防滑处理。24小时供应冷、热水。

床铺：①床铺的结实、平整、卫生、舒适四个方面应都能够增加游客的兴奋感；②床铺上的床单、被套、枕套等床上用品做到一客一换，应客要求更换。

公共活动场所：①设有专门的住宿登记接待处。提供信息查询、小件物品寄存、宣传品、雨伞、旅行日常用品、旅游纪念品、土特产品等综合服务；②能提供贵重物品专用寄存（保险箱）、上网、传真等服务；③应提供游客交流的公共活动场所。可以用作休闲、闲趣、阅读、娱乐等活动场所。

（二）餐饮设施

"丽水山居"的餐饮设施包括餐厅、厨房、休闲吧等。

餐厅：①餐厅装修应与建筑整体室内室外装修风格协调，具有特色性、地方性和环保性，布局合理、宽敞，采光通风良好，整洁卫生；②餐具、酒具、茶具等各种器具配套，无破损，并及时消毒，足够使用；③有防蚊蝇、蟑螂等设施。

厨房：①有独立的厨房，设置必要的功能区，宜配有专用的留样设备；②厨房布局、流程合理，紧邻餐厅，配备通风排烟设施，设有隔油池；③食品和非食品存放场所分设。食品粗加工间和烹调间分设。有充足的冷藏、冷冻和保鲜设施，供应冷菜的，按冷菜专间要求设置；④粗加工设置三个清洗水池，实行色标管理；⑤地面经硬化防滑处理，铺设地砖，墙面瓷砖墙裙1.5米以上,天花板有不平整和管道通过的要求吊顶;⑥厨房整洁卫生,有防止蚊、蝇、鼠及其他害虫的进入和隐匿的措施。设置专门放置临时垃圾的设施,并保持密封;⑦餐饮具清洗消毒保洁设置专间,配备两个及以上清洗水池和相适宜的餐饮具消毒保洁设施,餐饮具和厨具及时清洗、消毒、保洁;⑧厨房要符合《食品经营许可审查通则》的要求。

有条件的宜设置休闲吧,包括茶吧、酒吧、咖啡吧、娱乐吧或书吧等,对应各种特色休闲吧,需相应的各种器具配套,保证所提供的食品和食品加工符合食品卫生要求。

(三)标识、通讯与交通设施

"丽水山居"必须有良好的标识导向系统和畅通的通讯(含网络)设施,以帮助游客能够在最快的时间获得所需要的信息,提高住客的安全感和便捷性。

标识导向系统:①在进入"丽水山居"的主要公路道口,乡村路口设置抵达"山居"的标识导向;②应在"丽水山居"周边有安全隐患的山路、水边路等进行安全性和导览性标识;③"丽水山居"内进行功能区、服务设施等标识指示;④指示标识牌制作精美,中英文双语标识,标识规范,位置合理。

通讯(含网络)设施。应有畅通的无线通讯网络和有线电话,有信号较强的无线WiFi服务设施。

交通设施:①应提供自备或公共停车场地,车辆管理规范,停放安全有序,且容量能满足旅客接待量需求;②提供适合当地使用的简便交通设备,如:独轮车、自行车、三轮车、农用车或水上娱乐类交通工具等。

除此以外,我们也制定了"丽水山居"运营导则。营运导则给出了"丽水山居"应具备的基本条件、主题特色定位与功能、服务水平与营销活动安排等内容。旨在引导"丽水山居"业主在

隐墅模式

充分体现山居建设特色的同时，展现"丽水山居"的服务特色。

"丽水山居"民宿

"丽水山居"的营运导则主要有以下几方面的内容：

在营运规模上，"丽水山居"民宿的单体客房不应少于5间，床位数不应少于5张。

在主题定位上，"丽水山居"品牌民宿主题定位应明确，并充分反映丽水"山、水、云、田"等区域特色，营业区域产品和服务应充分反映主题；其中"丽水山居"精品民宿主题定位在县域同行业中具有一定的独特性和代表性；"丽水山居"建筑室内外设计和装修应能体现出明显的主题性，并不与其主题定位相悖；"丽水山居"灯光的设计及运用和灯饰造型选择应注重安全生态节能，同时有利于主题氛围营造，灯光适宜，目的物照明效果良好；"丽水山居"应配置及陈设适量与主题风格相符的艺术品、工艺品、书籍以及能反映地方特色的物件，形成良好的文化氛围。"丽水山居"周边及室内环境美化设计应与主题相适应，绿色植物规划合理，造型美观，养护情况良好。"丽水山居"应能提供满足客人基本需求的餐食，且餐厅的餐饮用具、菜单设计、餐饮菜品应符合主题文化。"丽水山居"餐厅等公共场所应具有背景音乐，且曲目适宜，音质良好，音量适中，能烘托主题文化气氛。

"丽水山居"品牌民宿的功能涵盖，首先应具有基本住宿功能，能提供单间和标准间两种客房，"丽水山居"精品民宿应给予每间客房特定风格定位，例如客房名称等。其次，应具有早中晚三餐餐饮功能，"丽水山居"精品民宿应能提供符合主题并具有地方特色的餐食。再次，应具备提供有偿或无偿的交通接驳功能，"丽水山居"精品民宿应具有交通配套服务功能，为非自驾客人提供当地的全程交通服务。此外，还应具备室外露台、室内休闲场所、儿童游憩场所，并提供茶水、咖啡等服务，具备基本的休闲和娱乐服务功能，"丽水山居"精品民宿应具有精致的室外或延展空间露台；应具有周边景区门票订购和当地特色旅游商品服务购买服务功能，"丽水山居"精品民宿应提供自身品牌的旅游商品；应提供现金、信用卡、支付宝、微信支付等多项结算服务，并接受预付预订服务。

源自于《"丽水山居"建设和营运导则》（丽农办〔2016〕19号）

隐墅模式

丽水山耕区域公用品牌的创意之路

"丽水山耕"和"丽水山居"都是丽水市的公用品牌，但和"丽水山居"不同的是，"丽水山耕"主要是指在"好山好水好空气"的环境下以传统生态生产方式，"耕作"出优良的农产品，这些农产品一定是"生态精品""健康良品"。

"丽水山耕"是全国首个覆盖全区域、全品类、全产业的地级市农业区域公用品牌。其指导思想来自于"浙江制造"。坚持走"绿水青山就是金山银山"的生态发展之路，把农业产业发展、农民增收致富纳入经济社会发展总体规划进行统筹规划，以浙江省优势特色农产品为基础，以做大做强"丽水山耕"区域公用品牌为抓手，以品牌引领的"1+N"全产业链一体化服务体系为载体，以平台服务集聚效益为推动力，实现农业生态化、标准

"丽水山耕"品牌LOGO

化、品牌化、金融化、电商化发展，探索走出一条生态精品农业现代化的"丽水山耕"模式。

"丽水山耕"的总体目标是在"十三五"期间，着力构建保障"丽水山耕"品牌质量和信誉的标准化生产、管理和监控体系，提升品牌品质度；整合传播渠道，建立区域品牌和企业品牌"双品牌"营销体系，扩大市场份额，提升品牌知名度；完善"丽水山耕"商标品牌培育、管理、认证、保护机制，提升品牌美誉度；铺设"丽水山耕"冷链物流网点，实现农产品"前端一公里"与"最后一公里"的无缝对接，提升品牌忠诚度；深入挖掘、培育、创新、传播"丽水山耕"文化，提升品牌联想度；深化"丽水山耕"供应链金融体系建设，提升品牌保障度。

在发展过程中，"丽水山耕"力争在2018年底前发展建设300个品牌使用产品，引导60家"丽水山耕"品牌企业进行股份化改造，逐步培育600个规模化、标准化生产的"丽水山耕"产品加盟基地，带动60000个专业职业化农户，实现40亿元销售额。设立"丽水山耕"生态精品农业品牌指导站，加强"丽水山耕"品牌商标和专利的申报、管理及保护，辅导农企提高知识产权保护意识，新增农产品商标1000件；制定"丽水山耕"农产品质量标准，完善产品检测内容、健全产品安全监控体系。农产品抽检合格率达到98%，保持高位稳定。建立良好生产经营规范，产品追溯覆盖率达到100%。

从2019年到2020年，则主要是放眼浙江，做好以"丽水山耕"品牌引领下的"1+N"全产业链一体化服务体系的全面推广工作，带动浙江精品农业产业发展。通过前期试点推广，实现品牌引领下的企业股改及产业整合，引导100家"丽水山耕"品牌企业进行股份化改造，逐步培育1000个规模化、标准化生产的"丽水山耕"产品加盟基地，带动100000个专业职业化农户，实现品牌120亿元销售额。

在"丽水山耕"区域公用品牌的落实措施上,则主要做了以下工作。

一、完善"丽水山耕"品牌培育机制

(一)明确"丽水山耕"品牌培育主体

"丽水山耕"品牌注册人为丽水市生态农业协会,并由市政府委托丽水市农业投资发展有限公司运营、管理,与协会执行"两块牌子、一套人马"的管理体制,使得"丽水山耕"既体现了政府背书的权威性,又有行业的约束性,同时不失市场主体的灵活性。协会成员在履行该使用管理办法规定的手续后,可以使用"丽水山耕"商标。待品牌发展条件成熟后,"丽水山耕"提升为浙江省农业"浙江制造"品牌,可由地方行业性协会发展为全省行业性协会,执行协会管理,政府监管的品牌运营机制。

(二)加快"丽水山耕"品牌注册保护

破解难题,注册"丽水山耕"集体商标,开展丽水市著名商标、浙江省著名商标、驰名商标梯级培育。到2020年,"丽水山耕"争取认定为驰名商标,并上升到精品农业"浙江制造"的高度。

(三)加快"丽水山耕"品牌管理

建立"丽水山耕"品牌规范使用制度。充分运用商标使用协议、统一包装物、质量保证金、实地质量抽查等手段,规范商标运用的全过程,落实在各个经营环节。

(四)壮大"丽水山耕"子品牌培育库,促进"丽水山耕"母子品牌同步发展

逐步实施"丽水山耕"子品牌培育工程,促进子品牌企业加大质量提升、品牌培育和市场开拓力度,实现母子品牌共建发展。

（五）设立"丽水山耕"精品农业品牌指导站

加强经费、人员、场所等保障，各有关部门要加强对口业务指导，指导站要通过建档、立库、信息咨询、上门服务、宣传培训等方式，做好对联系企业的商标品牌指导、培育和维权等工作。

二、构建"丽水山耕"质量标准体系

（一）制订"丽水山耕"产品标准

统一规范"丽水山耕"在生长环境、种（养）殖环节、加工过程、贮运操作、文化内涵、销售方式等六大方面的基本要求。由单品突破到全类别覆盖，逐步研制并形成一系列国际先进、国内一流的"丽水山耕"农产品标准。鼓励"丽水山耕"品牌企业主导和参与国际、国内先进农产品标准的制（修）订。

（二）创新"丽水山耕"认证模式

按照"企业申报+认证+政府监管"的思路，建立"丽水山耕"认证模式，引进第三方认证机构。支持企业自愿申报"丽水山耕"认证。推进"丽水山耕"品牌国际互认。认证机构应当对其认证的"丽水山耕"品牌实施有效的跟踪调查，对于不能持续符合认证要求的，应暂停使用认证标志直至撤销认证证书，并予公布。认证机构未及时采取纠正措施给消费者造成损失的，应当与生产者、销售者共同承担连带责任。强化认证市场监管特别是对"丽水山耕"认证后的监管，确保"丽水山耕"认证的权威性和有效性。

（三）推进"丽水山耕"人才队伍建设

建立完善由科研院校、成人学校、社会培训机构、公共实训基地、农技站和行业协会等共同参与的技能人才培养体系，为打造"丽水山耕"品牌输送一大批高素质产业技术人才。大力支持"丽水山耕"品牌培养国际标准化专业人才，争取国际和国家级农产品标准制订工作组落户浙江，不断提升我省国际标准话语权。

三、打造"丽水山耕"农产品质量安全体系

(一)建立农产品品牌准入体系

根据"丽水山耕"品牌标准,明确准入范围和条件,以快速检测与定量检测相结合,以结果为导向,把好品牌准入关。

(二)建立农产品品牌准出体系

依托互联网技术,以农产品质量安全追溯体系数据为支撑,实现品牌农产品"从田头到餐桌"的全程可追溯,把好品牌准出关。

(三)建立产品质量督查体系

落实"丽水山耕"品牌企业食品安全主体责任,开展企业自查报告制度。以"丽水山耕"商标管理实施细则、品牌授权使用协议、产品质量安全保证金等制度推进"丽水山耕"品牌诚信体系建设。建立健全产品安全风险分析制度,综合分析利用监督检查、产品检测情况数据,做好"丽水山耕"产品舆情监测,及时发现并消除潜在安全隐患。

(四)建立品牌科技成果转化体系

依托华东现代农业科技创新联盟力量、陈剑平院士工作站以及省市科技农业技术,以"技术上先进、生产上可行、经济上核算"的原则,将农业专利、农产品贮运操作手册、物流标配箱及农产品精深加工技术转化为生产力,并在农业实际操作中推广应用。

四、加强"丽水山耕"品牌保护机制

加大"丽水山耕"品牌保护力度,建立完善企业自我保护、政府依法监管、市场监督和司法维权保障"四位一体"的品牌保

"丽水山耕"品牌产品

护体系。探索建立跨区域联合执法机制,依法严厉打击"丽水山耕"侵权违法行为。

五、优化"丽水山耕"品牌推广模式

一是多渠道推广。以时下兴起的农活体验、休闲旅游、农家乐热潮为推手,通过网站、线上宣传、微信公众号等渠道为游客提供个性化旅游服务的同时推广、销售"丽水山耕"旅游地商品,诞生农业经济新业态;二是文化带动推广。以传统农耕文化为抓手,以文创为基础,以创意为辅助,在宣传文化的过程中,开展品牌宣传,提高产品附加值,提升品牌文化底蕴;三是配套项目推广。以丽水市本级新增项目建设为基础,以面向全省的冷链仓储网点为载体,夯实品牌农产品的生产、体验销售配套基础,促进配套项目品牌推广;四是政府助力推广。安排落实必要的资金、人员和载体,政府、部门和企业形成合力,结合"三位一体"试点工作,多渠道、多层次、多形式开展品牌的推广与宣传。

六、深化"丽水山耕"金融保障机制

一是深化供应链金融。探索农村产权改革,以股权抵押、土地入股、农业信托等模式,注入农村金融强大活力。选择资质良好的农业上下游企业作为银行的融资对象,为供应链上的所有成员企业提供系统融资,以信息流带动技术流、资金流、人才流、物资流,促进资源配置优化,提高农业生产智能化、经营网络化水平,实现农业生产产量和质量的双提高,有效盘活低效土地;二是转化农业基金成果。设立"丽水山耕"农业产业基金,以股权投资带动农业企业资产股权化,并通过浙江省农科院、华东创新联盟等科研组织引进智力,通过产—学—研内容转化,促进"丽水山耕"星创空间等农业科技项目落地、孵化、培育及上市,提升农业企业科技能力、运营能力、盈利能力,夯实全省现代农业

基础，提高农业质量效益和竞争力。

七、夯实"丽水山耕"大数据共建共享

依托"壹生态"公共服务平台，实现"物联网+农业"体系的顶层设计和共建共享。"丽水山耕"大数据涵盖农业产前产中产后各个环节，为农业经营者传播先进的农业科学技术知识、生产管理信息以及农业科技咨询服务，引导龙头企业、农业专业合作社和农户经营好农业生产系统与营销活动，打通农业产业链，提高农业生产管理决策水平，增强市场抗风险能力，做好节本增效、提高收益。同时，云计算、大数据等技术也推进农业管理数字化和现代化，为政府治理农业提供大数据支撑，促进农业管理高效透明化，提高农业部门的行政效能。

八、统筹"丽水山耕"冷链物流体系建设

农产品冷链体系建设是产品流通渠道的瓶颈。借助华东现代农业科技创新联盟力量，以农产品贮运标准与物流标配箱为基础，统筹谋划构思，制定品牌冷链物流体系规划并分布实施，建设由农产品基地到城市主干道到全省主要城市的冷链物流网络，解决"农产品上行难"问题，从而完善现代农业产业体系。

截止2017年底，"丽水山耕"已经建立起合作基地1008个，培育背书农产品675个，新增丽水山耕包装设计256个，举办"丽水山耕"相关活动80余场次，累计售额达35.9亿元，产品溢价率达300%。实践证明，"丽水山耕"已成了丽水农业体现生态价值、促进农民增收的"好品牌"，是丽水践行"绿水青山歇是金山银山"的"金名片"。

源自于《"丽水山耕"品牌建设实施方案（2016-2020年）》
丽政办发〔2016〕145号

云和云居六头民宿的畅想

云和云居六头民宿是"丽水山居"典型代表。云和云居六头民宿位于云和县城东南部的梅湾村，与县城的距离有14公里。梅湾村村内山峦叠嶂，绿树成荫，水流潺潺，自然风光十分优美。

为推进民宿发展，云和县特推出童话云居六头民宿。童话云居，是指用村中的古旧建筑、闲置房屋，或是依法审批的建筑为基础，依托良好的生态与环境资源，结合村落独特的历史文化和风土人情，融入木玩文化和童话元素，展现民宿主人文化特征和理想情怀，为旅客提供乡野生活的住宿场所。而"六头"则是乡村民宿的几种表现形式，如门头/墙头、床头、灶头、木头、石头和田头。

云和云居六头民宿完全遵循乡土化、特色化、多样化三大原则。乡土化原则是让民宿与传统文化和乡土风情相结合，特色化是让民宿与木玩文化和童话元素相结合，多样化则是让民宿与六头标准和主人情怀相结合。也因此，云和云居六头民宿的每一"头"都能体现出和传统民宿不同的风格。

门头/墙头：创造民宿品质

乡村民宿要走出大众化的怪圈，走"卖流行、卖回忆"的品质化道路。首先在建筑方式上就要注重主题与形态，要能够承载地域文化特色及主人的奇思妙想，给游客难以忘怀的回忆。

隐墅模式

云和传统建筑是传统民居"石头巷子黄泥墙、青瓦坡顶马头墙"的直接展示。而现代的云和建筑，则要从中体现出"童话""木玩"的元素。门头/墙头以圆柱形、圆锥形、锥体为主。建筑材料仍以传统意义非常丰富的山墙、实木门窗和传统窗格来展示。

灶头：提升餐饮服务

云和民宿餐饮有着绿色生态、健康养生等特点，但也存在着菜系雷同、烹制手法单一、就餐环境简单、服务水平不高等问题和短板。通过"民宿+农户""民宿+基地"等形式，建立健全食品溯源体系，提升民宿的餐饮服务水平。

农家菜素以健康饮食为本，淳朴且味道厚重，对刀工和装盘并无过多讲究。是以本地所产土、畜产品为主、副料，用传统的烹饪方法制作，亦为人们日常食用，具有独特地方性口味菜肴。灶头作为乡村菜肴的载体具有独一无二的时代特征。大锅、柴火、山泉、土菜构成乡村菜肴无法取代的味觉特性，也是乡村美食最为吸引游客的特征。

云和小吃，特色鲜明、风味独特、就地取材的形式能够突出反映本土的物质及社会生活风貌，是云和旅游重要的一环。云和民宿应该保证向游客提供具有本地特色的美食，并且保证能够不间断地供应，有条件的民宿可以24小时供应。同时也可推出私人定制等新式服务，或者是在传统食品的基础上发展出一些新菜品，例如西式甜点等。

餐具可以选用带有本土材质制作的艺术化餐具，增加美观性、凸显本土文化（土质/木制/童话元素必包含一种元素）。摆盘时，既保证上菜菜品餐盘干净整洁，也兼有一定的艺术性。

对于原始的灶头，要进行保留或改造，做饭功能或者展示功能至少要保留一项。在顾客有需求的情况下，可以为顾客提供厨房,体验自己做农家菜的乐趣。

床头:体验乡村夜眠

"宿"是乡村民宿的核心,游客渴望体验特色鲜明、自然生态、低调奢华的民宿,要求高质量的睡眠环境。因此,要从居住环境、背景音乐(云和原创音乐)、隔音效果、室内温度、床上用品、通风设施、房间装饰等方面入手,在融入乡土文化元素的基础上,为游客提供难以忘怀的乡村夜眠。

在钢筋混泥土的都市生活中,我们承受着来自社会、家庭、工作各方面的压力,我们抱怨、无奈,却总被生活的洪流冲的身不由己。回归乡村,在带着泥土气息的空气中自由地呼吸,看一看低低的屋檐,听一听暖暖的乡语,踩一踩自己的影子,闻一闻熟悉的气息,都是都市人梦寐以求的事情。因此,民宿需要带给顾客一种原始的睡眠体验。

民宿居于乡村,是游客享受自然、亲近自然的载体。冰冷、毫无生气的室内环境会影响游客情绪、削减游客的幸福感。因此,室内环境的设计应充分考虑融入自然元素,提升舒适度,作为连接人与自然的重要纽带,应在以下方面做出结合自然的设计措施:①环境元素;②照明;③空间布局。应有取暖、降热设备或冷暖空调,设置单独卫生间,包含抽水马桶、台盆、淋浴等服务设施。条件允许的话可以设置景观绿化庭院、娱乐场所等等。

民宿物理空间的设计和组织,会对游客的心理产生重要影响。在空间设计中充分融入艺术和音乐等气息,能够有效改善游客的情绪、提升民宿的舒适度。房间、走道、大厅、活动空间应包含至少2种以下元素,以便体现审美情趣:①艺术品,包括装饰画;②背景音乐使用云和当地原创音乐;③利用尺寸不小于1平方米的窗户或天窗采光;④能看到户外或建筑室内的观景窗;⑤环境美化设计与主题相适应,绿色植物规划合理,造型美观。

传统民居隔音效果较差，因此需采用减低噪音的方法，如选用墙板、增强层等，提升游客的舒适度。每个常用空间都应考虑不同的隔音需求。有条件的民宿可以区分嘈杂区和安静区，且相互直接有明显隔断；对空间内容易产生噪音的设备采取降噪措施。

民宿的服务项目，要趋向丰富化，并努力形成特色。特别是要为游客提供养生、运动、健康等方面的服务。

木头：畅游木屋世界

建筑是人和世界沟通的中介，木屋是衔接人与自然的纽带。融入传统文化和木玩元素的木屋，既能诠释云和这座童话之城，也能让"云和云居"变成独特的休闲养生之所。

云和木制玩具制作技艺源远流长，早在宋、元时期，大批木匠就已掌握了娴熟的木作技艺。当时，木匠师傅在为户主制作家具、农具等生产生活用品时，也要为孩子们添置几件木制玩具，像踏碓童车、鲁班锁、七巧板、木陀螺等。

近年来，云和积极向传统木制玩具产业注入文化内涵，增强文化创意对传统产业的拉动力，积极推进木制玩具与幼教、动漫、游戏、旅游等产业的融合，推动木玩产业的转型升级。每个民宿既是木玩的宣传展示销售窗口，又是通过木玩装饰点缀的童话世界，是与木玩产业相得益彰的存在。

云和云居"六头民宿"应在现有的木屋结构基础上，积极参照国内外先进的设计理念，增加现代元素，保留传统特色，提升基本功能与舒适度。材料使用防火涂料，一方面可以使木结构墙面板不外露，另一方面划分了防火区间，使得火势不会大面积蔓延燃烧。屋顶可以使用非燃材料与防火门窗和墙体结合，提高民居的防火性。有条件的民宿可以采用木制结构建造房屋：如：木制材料地板、木制家具及相关构件、木制墙头等装饰。

云和有木制玩具生产企业740余家,木制玩具产品畅销世界70多个国家和地区,出口量占全国同类产品的近50%,是国内规模最大、品种最多的木制玩具生产、出口基地。将民宿与木玩企业对接,通过对木玩的展示、体验、销售,推动木玩产业转型升级的同时增加民宿本土文化特点。民宿可与木玩企业形成一对一合作模式,设置相对应的木玩主题。以民宿为展示窗口,加强木玩产业的推广范围,将木玩基因植入民宿,形成云和独具特色的主题民宿。

云和民宿也可定期开展木玩促销活动,对外宣传云和木玩。同时,开办木玩制作体验,体验创造的喜悦。房间配套和室内陈设必须包含有木制成品,提供给顾客亲身体验木质品的使用感受;民宿内设有木玩的销售展台、提供直接销售或者网络销售、可直接下单,完成木制品的销售,民宿提供半成品、可通过拼接等简单的手工完成制作,体验手工活动的乐趣。有条件的民宿也可设置专业的木玩手工作坊。

同时,云和民宿也需要传承云和传统的"木头"产业链,丰富民宿体验内容,开发木制纪念品等木艺周边产品,开展食用菌种植、木艺根雕等传统农业产业。

石头:传递文化价值

乡村民宿作为一种乡村的建筑,它的存在往往传递着某种文化价值,这种文化价值对游客有着很大的吸引力,游客乐于从中体验乡村特色文化。要避免"拆旧立新"等毁灭性的乡村民宿发展的道路,注重以乡村聚落中的民宅建筑、特色历史文化遗存等为依托,挖掘地方传统文化,突出民宿的"地方性",增加乡村文化魅力的同时,增加游客的体验价值。

云和的地面铺设以石板或者卵石拼花为主,形成各色图案,常见的有铜钱纹、万字纹、祥云纹、卷草纹、方胜纹等。"犀牛望月""麒麟献瑞""双狮戏球""福到眼前"等图案造型生动,纹理简单而富于变化,色泽明暗相交。

云和矿产资源丰富,以非金属矿为主,知名度最高的就是小顺石。其色彩非常丰富,透明度高,有红、白、黄等颜色,色彩鲜艳,花纹美丽,冻石微透明至全透明,质地温润,适宜雕刻。

云和素有"九山半水半分田"之称,县域范围内多数为山石,石材被先人大量的运用,石块垒砌的道路,卵石的拼接,形成本土特有的建筑风格。大户人家建筑门楼多以石条拼砌、砖砌或者以石头制作,大门多有以石头印刻或砖雕的吉祥字样。民宿的每个常用空间都应满足使用本地石材的元素,如场地外石材铺装硬化。区域的范围内使用垒石围墙,实际施工过程中保留传统旅工方式,力求重现传统施工工艺。

对于小顺石,云和民宿也应尽量将小顺石特有的石艺文化展示出来。民宿应该用各种石雕、石刻、石头,创造出具有一定空间的可视、可触的艺术形象,借以反映社会生活,表达审美感受、审美情感、审美理想。如设置石材制品的小品雕塑或采用石凳、石桌等公共服务设施;设置专有展示位,展示和销售石制纪念品/伴手礼、小顺石雕刻/印章等。

田头:捡拾乡野别趣

乡村旅游的兴起始于游客的旅游习惯向乡村体验、追求身心修养等方面逐步转化,民宿的休闲模式符合旅游的新风尚。民宿"配套"的田园风光,可以让游客在乡村的田园风光中,获得生态认知和身心的愉悦。为此,发展乡村民宿要采用贴切性和艺术性的方式方法,在有选择地保留原有乡村景色精华的基础上,充分展示美丽乡村的田园风光,满足游客鼻子、耳朵、眼睛以及内心对自然美的渴望。

中国传统文化中理想的家庭模式是"耕读传家",即要有

"耕"来维持家庭生活，又要有"读"来提高家庭的文化水平。这种培养式的农耕文明推崇自然和谐，契合汉族文化对于人生最高修养的乐天知命原则，崇尚耕读生涯，提倡合作包容，而不是掠夺式地利用自然资源，符合今天的和谐发展理念。

云和山区人民根据不同的地形、土质修堤筑埂，利用"山有多高，水有多高"的自然条件，把终年不断的山泉溪涧，通过水笕沟渠引进梯田。形成了特有的梯田农耕文化。

因此民宿建筑应与乡村相融合，最大限度地保留周边的田园风光，体现乡土文化。同时推出针对顾客的农耕体验，例如设有耕地，提供种植、采摘、捕捞的原始农耕活动体验；设有饲养场地，提供喂养动物体验。民宿至少也应保留部分农耕工具，展示农耕文化的载体。

此外，也可设置一定形式的亲子活动。可有效培养孩子的参与意识、竞争意识和合作意识，让孩子体验游戏活动带来的乐趣，增强与家长的沟通交流。

在云和民居"六头民宿"的基础上，民宿主人也可以结合自身特点，增加水头、山头、街头、渠头、话头、心头等各具特色的文化元素。

云和云居"六头民宿"畅想的提出相当于为云和民宿的发展乃至丽水民宿的发展制定了一个"诗意"的标准。我们要做的就是创造出自己诗意标准内的诗意特色，并赋予这诗意的特色一个公共的品牌——云和云居"六头民宿"。

源自于《云和云居"六头民宿"发展导则》

隐墅模式

小烧饼的致富经——缙云烧饼连锁品牌之路

"炉传三百世,饼香五千年"。有着六百多年历史的缙云烧饼,作为浙江省缙云县最负盛名的民间传统小吃,早在1989年就被浙江省商业厅评为省优质点心,2008年,"缙云烧饼制作工艺"被丽水市人民政府列入市非物质文化遗产名录,2015年"缙云烧饼"获得"中华名小吃"的荣誉称号。2016年,缙云烧饼被列入"省级非遗",获得了"首届中国旅游金牌小吃",通过了生态原产地产品保护的初审,获得了省农博会、丽水生态精品农博会金奖、浙江厨师节金奖等荣誉。缙云烧饼协会获得"浙江省五一劳动奖状"。

缙云烧饼LOGO

但是,由于长期以来制作设备简陋、挑桶经营以及价格低廉等因素影响，缙云烧饼一直与"低端""便宜""路边摊"等词汇联系在一起，整体形象"低、小、俗"。面对竞争激烈的小吃市场和复杂多变的消费者需求，缙云烧饼产业的零散经营、粗放发展的经营思路亟待转变。

因此，自2014年以来，通过"缙云烧饼"品牌建设领导小组办公室的实体运作，"缙云烧饼"品牌建设工作已经取得了一定的成效。

一、品牌建设

"缙云烧饼"是区域公用品牌，其品牌的创建、扩长、品牌资产的积累均基于烧饼产业的形成和发展过程。缙云县委县政府在打造"缙云烧饼"品牌的创建过程中，产业目标明确，思路开阔。

1. 品牌建设高度重视，产业规模快速发展

2015年，缙云烧饼产业被列为促进农民增收致富的"十大举措"之一。缙云烧饼产业地位得到明确提升，"挖掘创业'新渠道'，打造增收'新名片'"是对缙云烧饼产业升级和品牌打造的战略意义的高度肯定。

近年来，在品牌建设的推动下，缙云烧饼产业规模有了快速发展。2015年，以缙云烧饼为龙头的缙云小吃产业营业收入7亿多元，从业人员一万人。2016年，缙云烧饼从业人员1.1万余人，年营业收入达到10亿多元。350家缙云烧饼示范店分布在全国20多个省市区，在全国6个省的20多对高速公路服务区进驻；进驻省内外多所大学食堂以及省、市政府机关食堂和浙江省委党校机关食堂；而后缙云烧饼进驻杭州五星级酒店黄龙饭店、大型农家乐、超市等。并成功走出国门，如加拿大多伦多、澳大利亚悉尼、意大利米兰、阿联酋迪拜等8个国家能吃到缙云烧饼。

2. 调研工作深入详尽，品牌建设基础扎实

为摸清底数，掌握实情，县委县政府组织乡镇（街道）开展了两次缙云烧饼产业现状调查，利用春节期间在外烧饼从业人员返乡过年之际，走访缙云烧饼从业人员384名，建立起数据库。同时，陆续走访了在杭州、丽水、永康等地的知名缙云烧饼店铺，在县城的29家缙云烧饼店铺，召集县属有关单位相关科室人员召开座谈会8次，商讨缙云烧饼产业发展方向与目标任务。这些调查获取了缙云烧饼市场及消费者习惯等多方面的有效信息，为品牌建设规划奠定了扎实的基础。

3. 规范管理初具基础，品牌声誉逐步提高

按照缙云烧饼品牌建设的总体要求，缙云烧饼品牌建设领导小组办公室启动申报省非物质文化遗产项目，出台《关于推进缙云烧饼品牌建设的若干意见》，开展"六统一"（统一培训内容、统一注册商标、统一制作工艺、统一经营标准、统一门店标准、统一原料标准）和"两集中"工作（集中宣传营销、集中挖掘文化）。通过面向社会征集，确定了缙云烧饼LOGO图形文本，申请注册"缙云烧饼"地方证明商标，委托专业机构共同设计策划了缙云烧饼品牌整体形象。制定《缙云烧饼制作规程》，获得市级地方标准规范立项，这也是丽水市首个获得立项的特色小吃类制作规程及标准规范。《缙云烧饼制作规程》从配备设施、原辅料和制作方法三个方面，对缙云烧饼的制作过程和工艺标准进行了详细规定；同时对发面、制馅、烘烤等关键环节及用料配比提出了明确要求，具有较强的指导性和可操作性，以保证产品品质，维护缙云烧饼区域品牌。系列规范管理措施的推出，打造了"缙云烧饼"整齐划一的形象，有效改变了之前"路边摊"的形象，"缙云烧饼"的市场声誉在逐步提升。

4. 品牌传播手段多样，品牌资产日益增长

近年来，缙云烧饼品牌建设领导小组办公室整合各类营销资

源，与烧饼协会联手分层次、有重点地传播"缙云烧饼"区域品牌，有效提升了"缙云烧饼"在国内外的影响力。

首先，加强渠道建设，扩大品牌影响。一方面，示范店是消费者与产品接触的直接场地，是品牌传播的重要窗口。通过示范店统一的形象识别、门店风格、规范服务以及现场制作工艺的展示，提供可以让消费者身临其境地感知和体验"缙云烧饼"品牌。另一方面，增设特殊渠道，如高速公路服务区、旅游景点等，以扩大品牌影响力。例如，由浙江玖味高速公路服务区投资管理有限公司经营的缙云烧饼示范店，2014年开始进驻浙江乃至全国的高速公路服务区，瞄准外出流动人群，目前已在4个省、市开设了38家门店，提升了品牌的知名度和口碑传播效应。

其次，利用各级媒体，传播区域品牌。积极与权威媒体合作，通过专题片、新闻报道等模式进行品牌的广泛传播。如浙江电视台影视频道的《执着的味道》、丽水电视台文化休闲频道《绿谷采风》栏目都播了"缙云烧饼"的专题节目；在中新网、浙江日报、丽水日报、缙云日报等新闻煤体上都有关于缙云烧饼的报导。

再次，举办节庆活动，整合营销资源。利用缙云每年一次的公祭黄帝庆典活动，在缙云特色小吃节的基础上创办"缙云烧饼节"，将"缙云烧饼"的品牌推广与缙云其它传统特色小吃融入在一起。

随着"缙云烧饼"品牌建设的推进和传播活动的开展，"缙云烧饼"的品牌知名度和美誉度在不断提升，顾客的重复购买率逐步增加，"缙云烧饼"品牌资产日益增长。

5. 财政扶持保障有力，人才培训具有实效

为保障"缙云烧饼"品牌建设工作的顺利推进，县财政每年安排500万元专项资金，用于培训缙云烧饼师傅，帮助解决小额

保险保证贷款及给予贴息补助，并根据店容店貌、经营场所（面积大小、设施好差）等标准，对验收合格的示范店给予1-3万不等的补助，等等。

同时，把缙云烧饼师傅培训作为提升农村劳动力素质的重要内容，通过聘请经验丰富的知名缙云烧饼师傅、县市有关专家担任讲课老师，编写培训教材，依托县农民学校，建立缙云烧饼师傅培训和实践基地，开展免费培训。并在县城缙云烧饼示范店中设立缙云烧饼师傅实践基地，严格规范培训考证工作，打造一批制作技能过硬、吸引力大、影响面广的缙云烧饼师傅，同时成立缙云烧饼师傅创业就业指导中心，开展小额贴息贷款扶持，让学员既能做"烧饼师傅"又能当"烧饼老板"。

二、主要途径

（一）规范提升产品品质

产品品质是"缙云烧饼"品牌建设的基石。烧饼的口味、品种、卫生安全及服务等是影响消费者使用体验的重要因素，也是品牌评价的基础。作为区域公用品牌，只要其中少数经营者偷工减料，提供次劣质产品就可能产生"品牌株连"效应，就会影响到整个区域品牌的整体形象和口碑。因此，必须树立"品质领先"的经营理念，切实保证缙云烧饼的正宗口味，并不断提升产品品质。

1. 制定烧饼质量标准

中餐食物的制作特点往往凭经验操作，依赖于操作者的手艺和经验，这也造就了同一小吃产品质量参差不齐的普遍现象。对于使用区域公用品牌的小吃食品，产品质量的把关尤为重要。要明确缙云烧饼成品该具备的口味、规格尺寸、重量、色泽度等基础要素，使消费者在购买烧饼时有统一的识别度。

2. 加强制作技能培训

在现有烧饼教学培训基地和实践基地的基础上，细化制作技能培训要求，严格操作规范，拉长实践操作时间，确保结业上岗的缙云烧饼师傅都具有合格的制作技能，能保证烧饼口味、外观的一致性。

3. 强力保障产品质量

制定烧饼质量标准，并向全社会公开质量标准，明示正宗缙云烧饼的质量特征；严厉处罚生产不合格烧饼的示范店，引入淘汰机制对不合格经营者取消其区域品牌专用权的使用。

（二）推进工艺开发创新

缙云烧饼的制作存在不少工艺上的局限性，是"缙云烧饼"品牌建设的瓶颈。因此，加强烧饼工艺的研发能力，攻克技术难关，使缙云烧饼更营养、更卫生、更便捷，是缙云烧饼品牌可持续发展建设的重要内容。

1. 推动工艺创新

发布烧饼制作工艺中的技术难题，借助社会各类技术力量，征求国内高等院校食品研究所的合作，向全社会招标进行技术攻关等，寻求工艺创新和技术创新。在保证缙云烧饼正宗口味的前提下，鼓励生产经营者对制作设备或工艺进行改良。首先解决烧饼回炉或加热后的口味问题，以突破现有工艺所带来的地域局限性，扩大烧饼的携带范围。同时，鼓励对烧饼营养和口味的研究，向社会广泛征集改良配方，积极开发缙云烧饼的改良品种，并在协会论证通过的前提下有计划地、逐步更新市场品种。

2. 完善创新保护

创新技术一旦为区域公用品牌所采用，确保创新者能充分获得创新的利益。要建立行政执法、行业自律等多层次、多类型的工艺创新保护方式，推动烧饼工艺的开发。

（三）开发电商销售模式

落实"互联网+"的思维和思路，在烧饼工艺技术改进和提升的基础上，将烧饼逐步推广到网络市场，方便消费者的购买，扩大烧饼的销售范围和影响度。

1. 积极开发网售新模式

在产品改良和包装改进的基础上，通过综合销售平台的建设以及网销队伍的扩大，加大在线销售烧饼的数量，提升网络销售质量，扩大在线口碑效应。同时，积极尝试新的网售模式，通过项目众筹、在线直播、产业链全程跟踪等新兴的促销方式，使消费者深入了解缙云烧饼，扩大缙云烧饼的影响力。

2. 加大移动电商销售力度

利用移动终端手机、PAD等工具，开发手机APP，经营官方微商，扩大专业微商队伍，移植PC终端的销售模式，为消费者提供更便捷的销售通道和服务。

（四）完善产业生态结构

"小烧饼撬动大产业"，"缙云烧饼"区域公用品牌的建设基于整个烧饼产业链。除了加强产品品质、整合传播品牌、创新操作工艺等任务外，还要重视烧饼产业生态系统的建设。

1. 加强原料基地建设

优质的原料是优质产品的基础条件。缙云烧饼的原料，如农家土麦面、土猪肉、九头芥菜干、麦芽糖、芝麻等，均为农家分散有机种植，保持了农家蔬菜的特有风味和营养成分。要重视保持原料生产基地的建设，保持传统生产种植的产品优势，运用农业现代化的经营思路，提供绿色优质的烧饼原料，避免在商业化扩张的过程中，因原材料质量下降而影响烧饼的口感质量。

2. 推进生产性服务业发展

围绕缙云烧饼，推进烧饼产业的生产性服务业发展，如饼桶制作、白炭煅烧、包装印刷、物流运输、服务培训、网络营销等，加大相关行业龙头企业的培育力度，带动相关产业的同步发展，确保烧饼产业链的高效运作，扩大就业范围。

3. 重点支持龙头企业

商业龙头企业凭借自身的经营优势，可以对区域品牌形象的塑造和口碑的传播起到直接的推动作用，产生强大的示范效应，两者相辅相承。示范店的示范效应最重要的是体现在烧饼的口感质量上，如果缺失了质量优势，那么示范店的根本意义就不复存在，对区域品牌的形象更有显著的负面影响。规范示范店的建设，强化品质管理，扶持示范店做强做大，实现"名店+名品"的联合效应。

（五）整合传播区域品牌

品牌传播是品牌创建最直接也是最有效的方式，缙云烧饼的推广需要实施全方位、多要素联动的整合传播。

1. 明确品牌定位

缙云烧饼历史悠久，民间盛传。但对其品牌定位仍集中在原始的地方特色小吃，在现代的商业社会识别度不高。需要深入挖掘缙云烧饼的生产历史、独特的生产工艺、产品的质量风格与特色优势，进行准确的品牌定位，塑造鲜明的品牌形象，突出品牌个性，为消费者在选择食物时提供清晰的识别信息。

2. 整合名优资源协同传播

充分利用缙云区域内的其它名优资源，策划一系列大型活动。充分发挥丽水地区青山绿水旅游主题吸引大量的游客，发挥"旅游+产业+文化"的协同效应，提升缙云烧饼品牌在国内外的知名度和影响力。

3. 丰富传播形式与媒介

在提高现有媒介传播效率的基础上，要加大缙云烧饼在国内外主流媒体上的传播,并充分利用新兴的互联网媒介开展形式多样的传播活动;大力开展学术传播模式,邀请专家学者来缙云探讨饮食、养生与健康等相关主题,发表的研究成果将伴随专家们的影响力极大地提升缙云烧饼品牌。

(六)优化品牌建设环境

完善基础设施建设,优化缙云生态城市形象,吸引烧饼产业相关薄弱环节入驻,将缙云提升为具有国内外影响力的烧饼研发、生产和培训基地。营造区域内重视"缙云烧饼"品牌建设、爱护"缙云烧饼"品牌的社会氛围。依法维护区域内生产经营者的合法权益,严格明确烧饼制售者对区域品牌专用权的使用规范。严厉打击滥用公用品牌、恶意竞争行为,营造良好的市场经营氛围。组织各类培训,加快烧饼制作人才培养,为"缙云烧饼"品牌建设提供人才保障。

源自于"缙云烧饼"品牌战略和产业发展规划(2016-2030)

石门隐墅东方生活美学庄园概念方案

一、目的意义

东方生活美学的典范

乡村文旅融合的示范

新时代的田园牧歌

诗画丽水的美丽实践

绿色发展的中国样板

二、项目概况

（一）性质

石门隐墅东方生活美学庄园是由莲都区老竹镇人民政府主管指导，中旅协民宿分会、浙江省文化创意产业协会、浙江省中华文化海外传播促进会、温州市乡村民宿发展协会、温州市文化创意产业协会战略支持，浙江隐墅文旅产业发展有限公司投资运作，中国隐墅学院全案策划的文旅融合项目。

（二）目标

石门隐墅东方生活美学庄园在不破坏村落环境的前提下，通过对石门源古村落建筑的改建及修缮，拆除少量无法修缮的，修缮保存完整的垒房，并通过设计重新装修，以达到内装现代、休闲、采光充足等特点，同时配备共享农场的庄园式生活空间形式，以"一院、一墅、一田"为格局，整个装修风格偏现代、简约，是一个与现代都市人群生活方式相匹配的东方生活美学庄园。

（三）主题解析

石门隐墅——东方美学生活庄园，这是一种美学，一种思想，一种世界观。简单来说，它指的是一种以"隐墅十六观"为核心的东方生活方式，用石门源的十六幢夯土房，打造隐墅十六观，中心理念就是东方隐墅文化。满足于摆脱物质牵绊的生活理念。

在石门隐墅，所有被称为美的事物是庄严而又优雅地活着的。让人对生命充满感动的体验，蕴藏款待身心的细节以及对美好生活的无限想象！

（四）功能规划

石门隐墅东方生活美学庄园，以"隐墅十六观"为核心，以石门源自然风光为基础，和隐墅十六观相结合，是呈现"一墅一院一田"的东方生活美学为主题的生活社区。项目将文旅进行融合，以文化创意赋予古老民居新的生命力，以创意活化乡村文化。同时，项目将乡村文化以创意的形式融入生活，分享乡村之居之美，构筑生态人文艺术之梦。

（五）地址

项目位于丽水莲都区老竹镇石门源村。

（六）设计定位

风格定位于东方禅意生活的美学社区

1. 公共设施：以东方禅意生活美学理念设计营造公共活动空间：主要以木、石为材料来布置场景院落。

2. 指示系统：打造具有东方美学特征的导视系统。

3. 音乐灯光系统：打造夜间禅意灯光系统，营造夜间唯美梦幻的场所。

三、总体构思

以"隐墅十六观"为核心创意，寓意人与自然相融相生，打造成为以东方美学为特征的生活社区。主要内容为十六观石门隐墅、树隐木屋部落、森林美术馆、东方美学生活广场、无边际泳池、隐墅学院、清境茶庄、隐素山房、木玩工坊、蜜蜂工坊、青瓷工坊、隐素咖啡、隐素酒坊、隐素园艺工坊、石上清泉亲水平台、隐墅青少年创客学院等，共同组合成石门隐墅东方生活美学庄园。石门隐墅东方生活美学庄园代表着诗意的栖居生活方式，文人雅士的极致生活追求，而一园清雅足够让梦与生活聚首。

四、总体规划布局

石门隐墅庄园效果图

五、核心项目

石门隐墅东方美学引领慢生活的风潮，从风土、饮食、艺文、书藉、音乐、生志、选品等方面，创造一个代表隐墅十六观的十六幢不同东方美学生活方式的乡村隐墅。

悠游一墅一院一田，徜徉一草一木，皆可生发无限生活意蕴。打造共享农场，体验生活的点滴志趣。园内万物，妙理堪寻，有些路无法到达的风景，石门隐墅都可以!

1. 访庄

贤隐原舍，以庄园形式设计，中式大门，门帘上有访庄名家字体；中式庭院，院内有凉庭；庭内设有茶席，供接待来访者品茗之用。为梦想博弈了一生，该让时光里，为自己落下自由的棋子，去遇见运筹帷幄的半日闲。古之圣贤隐士的代表是庄子，道家逍遥通达的生命观，不与世欲同流合污的态度，远离物欲贪念的精神，"访庄"即是叩动这个隐逸世界的门环。

2. 酿桃

酿桃主题隐墅，这是一座我们自己的桃源酒居，三生三世，十里桃花，桃花与山水的隐士传奇，以原生桃林为依托，酿桃隐墅，庭院内外，四面桃树环绕，桃花盛开时，尽看春花浪漫；一楼接待及公共活动区域名曰"桃花酒坊"，坊间陈列以桃花酒为主的各类果酒，以供入住客人品味；房间软装采用咏桃作品精制装裱。

3. 浇书

书吧主题隐墅，浇书隐墅以"书、酒"为主题，一楼公共区域设计成为书房+酒肆的形式，供客人饮酒看书之用，取名为"书房酒肆"；楼梯走道及各大小房间书香遍布，随手即可取书阅读，各大空间及房间均布置有懒人椅，让入住者充分享受阅读、品酒、晒日头的美好生活。每一个原创者都能有一席分享的时光，我们更提倡所有文学爱好者，落笔云水书房为半岛书写。

4. 醒石

诗意石头主题隐墅，通过石头为原材料的原态建筑，寓意归隐者醉而抱石，忱石而睡的洒脱生活，设计中"石"应该是一个重要的原素和主题。奇石园林的打造，谱写隐士的醉石史诗。

5. 喷墨

书画主题隐墅，书画已经成为当下国人推崇的生活格调，你的时间沉醉在远山，也可以挥毫在画乡，体现的是书画创作的主题，设计时突出一楼的书画创作空间，书画创作空间既是名流书画雅集之所，也是入住客人体验书画创作乐趣之所。

6. 味象

味象隐墅，就是一个艺术展厅，每一个房间就是一个小展厅，各大新锐艺术家的作品可以在这里展演，入住其中，就可以体验各大艺术品之意象。我们的艺术沙龙，将开启石门源的艺术之旅，满足艺术生活新格调。

7. 漱句

漱句泉石主题隐墅，体现的就是"枕流是为了洗清耳目，漱石是为了磨砺牙齿"的人生境界，设计主要以泉水和漱石来表达寓意，重点体现在庭院，房间各处细节的流水颇具意境。

8. 杖菊

菊花主题隐墅。苏东坡有诗云"杖藜晓入千花坞"，隐士持杖，纵游山水，于千姿百态的群花坞间沉醉。

9. 浣砚

书法主题隐墅，古人在池塘中洗砚，谓之"浣砚"。浣砚隐墅就是文人墨客的聚会书堂，舞文弄墨，品茗洗砚。设计以"洗砚池为核心"，也是设计的亮点所在，各大洗手盘用砚台造型，各大房间以砚台为软装。

10. 寒沽

酒文化主题隐墅，把酒话桑麻，杯酒之间，情悦半生，你来，不管刮风下雨，我都会为你接风，你走，不管何时，都会为你送一程，朋友一生一起走，一首歌，一杯酒，一句话，一生情。寒沽隐墅的意境就是踏雪归来酒倍香的意境，表达了与酒为伴，酒友无需多，可以共取暖，同陶醉的生活感受。设计以"酒"为核心文化，以"暖酒"作为客人的文化体验。柴火壁炉，煮酒器具，品酒小吧台。

11. 问月

月亮浪漫主题隐墅，集合文学中关于月亮的美好梦想。体现的就是"把酒问月"的主题，设计时尽量要有庭院和阳台，突出"月"的原素，庭院大门用的是圆形，玄关、软装、房间造景用的是圆形，一切以表达"月"文化为核心。

12. 谱泉

茶主题隐墅，一期一会，一茶一茗，我们遇见一座城，我们品味一杯茶，不为红尘，只为时光……设计时要把"茶空间"作为重点，把"引泉"作为亮点，是东方生活美学的表达。极简素的布置，用光的精妙，让你一下就步入茶人静心的境界。走的是融合东方禅学风格，没有过度的细致拘谨，但充满了禅机极致的禅意空间，不再是简单的民宿，而是心灵的宴飨，都市追梦人的乡村精神家园。

13. 囊幽

以琴为主题的文化隐墅，一楼重点打造和设计琴文化主题馆，既是客人入住体验琴筝文化的空间，也是琴友交流雅集的场所。让热爱养生与音乐的你，在琴音深处，停留一屡时光，疗愈身心。

14. 孤往

孤往隐墅重要的功能是给独处者提供空间，在这样的氛围下，公共空间不需要大，但每一个房间尽量功能齐全，读书、品茗、思考。有自己的空间，并不互相干扰。隐者高士都愿意"独与天地精神往来"，梁代萧统编《文选》，引用了《淮南王·庄子略要》中一段话："江海之士，山谷之人，轻天下细万物而独往者也。"司马彪曰："独往，任自然，不复顾世。"

15. 缥香

文艺女性主题隐墅，以竹子为民宿主题景观打造。缥香隐墅就是一个爱书读书人群的空间，设计以"半书房"为参考，一楼书房既是读书空间又是分享空间，可以在这里每周举办一次读书会。

每个房间既是睡房更是书房。每条走道是长廊更是精神分享之廊。

16. 品梵

禅修主题原舍、品梵隐墅体现的就是禅修之境，设计时重点表达禅意禅味，一楼要有禅修静坐空间，还要有茶禅一味品茗空间，每个房间都是榻榻米式装修，每个角落都有茶禅之味。私人管家会为客人熏香更衣，清晨或许有师傅带领大家禅修，到其间精心设计的茶席、闻香、古琴、书法、瑜伽、禅修，"品梵"，意为品经诵偈，与印度佛教有关的梵语、梵境、梵学，均是佛教修行者研习的对象。僧人也是隐，白衣也是隐，红尘之外寻一处清修地，素食寡欲，内观自性，求般若真知，再利益他人。心境恬淡，处处遇禅机，安时处顺，不必真在庙堂之中。

六、诗意社区

1. 隐墅学院——东方生活美学堂

（1）石门隐墅接待中心，石门隐墅会客厅，石门隐墅咖啡时光，东方美学创意生活文化展示。

（2）书房主题大院落空间，隐墅的书房，大隐石门。

（3）主题活动多功能空间，各类活动会议举办场所。

（4）文化聚会空间。

（5）东方美学公共空间，东方生活美学沙龙，创意生活美学布道场所。

2. 隐素山房——东方特色食养山房

隐素山房流露着一股浓浓的人文氛围。山房饮食中讲求"不时不食"的细节，高朋满座，雅客们各自闲聊、享受这里的养生膳食料理。临湖的精舍，以原生态注入独特的人文生活禅思，赋予原来旧有空间新生命。

3. 无边泳池

（1）奢华、唯美、静谧的无边界泳池别有风情。

（2）泳池如碧石镶嵌在大隐书房后花园，一个令人向往的泳池。

4. 东方美学生活广场

打造山谷中绿色大草坪，是音乐节、桃花祭、自由艺术、太极、禅修、瑜伽的流行基地，野餐、BBQ、户外派对的首选。

5. 树隐童话部落

东边溯溪水而上，沿山涧打造树隐童话部落，隐于山间的木屋隐墅群落。在别有洞天的古韵里，找到一个属于东方美学生活的亲子梦。

6. 森林美术馆

西边溯山路小径而上，沿山涧打造森林美术馆，以大自然为美术展厅，以原生树木为美术展架，展示创意美术和创意手作。

7. 石上清泉亲水平台

石门主溪，花树下幽涧生，打造花涧亲水平台，以花树、漱石、幽涧为元素。

浪漫花溪，落花本是无情物，涧落水中，仿佛迎来了第二次生命，在水中愈发娇艳，才有了花溪这样唯美的一幕。

8. 清境茶舍

（1）品见——花溪幽涧茶舍：沿小溪搭设亲水平台，中间节点以木屋形式打造幽境茶舍。

（2）迎宾——山顶迎客松茶舍：在三棵迎客松下打造迎宾幽境茶舍，品茗观景。

9. 隐素蜂蜜馆

依托丽水蜂业的天然资源，打造石门蜜源蜂蜜馆，体验蜜蜂科普知识，体验蜂蜜提取DIY，品尝天然蜂蜜养生食品，共同参与蜂蜜手作。

10. 隐素创意酒坊

农家自酿纯粮食古法工艺酒坊,"远近持斋来谛听,酒坊鱼市尽无人"的禅意古法酒作坊体验空间。

11. 隐素创意工坊

打造隐素产品手作坊:青瓷工坊、童话云和木工房、隐墅青少年创意学院、农产品食品包装DIY体验、山茶炒制体验、番薯干晒制体验、面条粉干制作体验、农家针织体验、树叶自然拓印等等。

七、节庆规划

1. 十六观栖心雅集

开展隐墅十六观东方生活美学雅集。

书画雅集:书画聚会沙龙

瑶琴雅集:汉服乐迷沙龙

棋舍雅集:棋友亲子活动

茶茗雅集:一期一会沙龙

云水禅心:禅生活诗意雅集

逃禅雅集:久逢知己爱逃禅

2. 瑜伽大会

3. 太极大会

4. 露营大会

5. 桃源音乐会

在露天桃园、田野草坪举办音乐会,并融入自由艺术展、艺术家表演等。

本内容由隐墅公司策划部提供

隐墅模式

青田咖啡区域公用品牌概念方案

第一章 项目背景

一、项目必要性分析

（一）独特的华侨资源

青田县是浙江第一侨乡县，据统计，青田县54万人口中，有华侨33万左右。青田华侨遍布世界128个国家和地区，其中约10万人从事国际贸易行业。源于华侨的带动，青田形成了华侨文化和华侨经济，华侨要素是青田最大的经济资源和文化资源，在中外经济文化交流上，青田有得天独厚的优势。青田人"大气开放、创业天下"，形成了举世少有的"世界青田"现象。开放观念和西式生活，影响着这个浙南小城。活跃的华侨要素也造就了发达的华侨经济，青田是中国金融十强县和外汇第一县，特别是人均存款第一县。青田正依托丰富的侨乡资源，主动承接首届中国国际进口博览会的集聚效应和溢出效应，积极融入新时代的开放大潮中。如今的青田，国际范儿十足。侨乡的基因正助力这座江南小城走向国际大舞台。

（二）文创商业，促进文化消费市场

国务院办公厅发布《完善促进消费体制机制实施方案

（2018—2020年）》促进文化消费方面，随着我国宏观经济进入新常态，越来越多优秀的文旅创意产品浮现。文创商业，不止是"书店+咖啡屋"，咖啡行业发展空间大，咖啡与其他行业跨界结合的创新也屡见不鲜，实体商业已进入主题化、特色化的体验经济时代。以往百货、超市、电影院是购物中心的三大件，但这种组合已经被打破。咖啡馆+服饰、零食店+咖啡等各种"咖啡+"的新型模式如百花齐放，争相斗艳。

（三）青田新生代创新创业精神

经过数百年的海外打拼，固守青田文化的老一代华侨已逐步淡去，新生代华侨成为青田华侨的主力。与祖辈完全不同的成长环境，20多万新生代华侨群体呈现出显著的行为特征。新一代青田华侨群体，既继承了吃苦耐劳、精明能干、敢于冒险、团结互助的华侨传统文化，同时在应对市场变化中也显示出诸多新的创业特征：文化科技素养更高，从事行业更为广阔，更加具备创新的企业家精神，从事传统产业的新生代华侨在外部倒逼转型压力之下，纷纷开始思考业态创新，为传统产业融入更多的"互联网+""生态+"等元素，从为客户创造新的需求的角度考虑企业发展方向，调整发展战略。

二、项目可行性分析

（一）政府支持

《青田县咖啡小镇培育暨咖啡业态提升研究》提出打造青田咖啡小镇成为世界咖啡品牌代理与输出的区域性总部、西方经典咖啡文化的最佳体验地、中国咖啡业界的"肯德基"，"文化兴咖啡、人才立咖啡、品牌树咖啡、商旅促咖啡、市场拓咖啡"五大战略举措为青田咖啡品牌概念提供支持。

（二）民间自发

民间自发的青田咖啡店和咖啡产业链资源，形成中国咖啡店密度最高的县城。青田侨民有白天在中国工作、晚上在欧洲娱乐的独有生活方式，2公里不到的"酒吧一条街"，聚集着数十家西餐厅、咖啡馆和酒吧。青田这样一座小小的县城，有着一百多家咖啡馆，而且在温溪、船寮等乡镇以及景区、民宿、餐馆、山庄等消费场所都遍布咖啡馆。

（三）丽水众多公用品牌成功案例

丽水市多年来坚持走绿色发展道路，坚定不移地保护绿水青山这个"金饭碗"，努力把绿水青山蕴含的生态产品价值转化为金山银山。成功培育的公共品牌有地级市农产品区域公共品牌"丽水山耕"，缙云金名片"缙云烧饼"等，是青田咖啡公共品牌打造的榜样。

第二章　品牌定位及内容

一、品牌定位

1. 功能定位

青田咖啡区域公用品牌将发挥以下四大作用：

（1）价值提炼

该品牌是对青田华侨、咖啡的文化价值、物质价值、机制价值、品牌价值等系列价值链的有效提炼、有机整合。

（2）溢价基础

该品牌是青田咖啡+产品通过构建品牌价值链，实现产品溢价，提升产品附加值，提升文旅经济效益、提高收益的基础。

（3）连接纽带

该品牌是连接青田咖啡的创业者与销售商，连接产品与消费者的强有力的纽带。

（4）整合工具

该品牌是整合青田全县咖啡资源以及其他资源的有效整合工具。

2. 消费者定位

根据青田咖啡现有的文化价值、物质价值、机制价值等系列价值链，结合市场环境以及咖啡文旅产品的消费取向，规划将青田咖啡区域公用品牌的核心消费人群界定为：注重生活品质，具有一定的知识水平和消费话语权的中产阶级。主导着家庭甚至社会的消费趋势，较高的知识水平和对高品质生活的追求，使她们对咖啡文化消费和欧美生活消费的品质要求、品牌个性选择等格外严格。围绕核心消费者进行目标消费者延伸，将青田咖啡产品的目标消费者拓展为具有较高健康认知和收入水平的都市人群。

3. 区域定位

依托国内异地商会及海外联络处，摸清咖啡从业人群家底，凝聚"咖啡创业"共识，化为共拓咖啡经济版图的统一行动。将丽水、温州、杭州、宁波作为市场拓展的第一圈层，将上海、安徽、江西作为市场拓展的第二圈层，向外稳步拓展。

二、品牌命名

品牌命名，须传达区域及产品特征，深度浓缩青田咖啡文化，直观传达青田咖啡形象，彰显品牌价值，传递品牌文化。因此，该品牌的特征可描述为：代表青田华侨生活，青田咖啡文化，以咖啡+产品为主要产品的品牌。

与品牌描述相匹配的品牌联想体系包括：

青田侨乡—欧美生活—文艺咖啡—红酒西餐—品质书吧

因此品牌命名：青咖

品牌DNA：青咖，不仅是咖啡，更是代表侨生活，代表世界时尚生活方式，这是青咖的核心优势，通过咖啡+红酒、咖啡

+西餐、咖啡+酒吧、咖啡+书吧、咖啡+亲子、咖啡+艺术、咖啡+欧美生活（进出口商品）等"咖啡+N"的形式打造独特的青咖DNA。

三、品牌风格

定位自己的品牌风格和调性，在目标消费人群的心智中，针对竞争对手的特点找到一个最具优势的位置，从而帮助品牌在消费者选择的过程中胜出。通过基于消费者群体的品牌定位，基于文化内涵的品牌定位，基于非常规心理的品牌定位，基于类别的品牌定位，青咖公用品牌的风格是：国际时尚风，世界慢生活。

其释义：通过华侨将世界时尚慢生活方式以青咖为载体带到中国。

四、品牌广告语

品牌口号是品牌名称之外最重要的传播工具和识别标志。它须与品牌基调保持一致，拓展延伸品牌内涵，顺应消费特征，保持与市场的关联性，以及与消费者的互动性。

将青田华侨文化、咖啡文化与消费互动融合，"青咖"的品牌口号为"不止咖啡"。

不止咖啡：不止咖啡，更是红酒、西餐、书吧等慢生活方式。

第三章 品牌形象

互联网的快速发展让很多商家都看到了新的品牌传播方式。品牌是决定企业是否能够做大做强的核心因素，这也是品牌VI存在的意义。制定《青咖品牌形象手册》。打造青咖品牌VI系统。

一、标志

1. 青田元素，"青咖"是来自青田的区域公用品牌，"青田"元素是品牌符号中必不可少的形象要素。

2. 华侨文化元素、石雕文化元素有机融合。

3.咖啡元素,以咖啡为代表的欧洲慢生活元素。

将以上元素有机融合,形成"青咖"品牌的主形象符号组合体系。

二、标准字及标准色

标准字和标准色配合标志,以丰满系列包装、宣传物料以及相关衍生品的视觉形象;"青咖"品牌旗下的各类产品借助辅助图形区分不同类别,展现品类特色,以华侨旅居所在地的特色标志作为辅助形象。

三、标志和标准字的组合

其余组合,例如吉祥物、产品包装、品牌门店形象、常规宣传物料、常规衍生品等。

第四章 品牌传播推广策略

一、线上推广

利用新兴传播载体,打造可移动的"青咖"区域公用品牌展示平台。积极探索使用微博、微信等新兴传播载体,利用微信朋友圈、APP开发等途径,开发移动终端的"青咖"区域公用品牌展示平台。

二、线下推广

筹建以"青咖"为主的展示馆,打造咖啡系列的实体展示平台。建设侨乡文化体验点,包括侨乡衣、食、住、行等主题。积极对青田咖啡文化、世界各地侨乡文化等进行宣传和展示,融入区域品牌联动发展;开发小吃、饮食、文化与健康等科普知识素材,并利用文字、实物与模拟操作等方式进行有效展示。

1.传播"不止咖啡"的青咖生活理念,引出"青咖"品牌

"青咖"由青田华侨、青田咖啡的文化价值链、物质价值链、机制价值链、品牌价值链等整合而成,是侨乡品牌的一大创新,具有重要的示范意义。在重点城市进行巡回推介,进行"青

咖"品牌发布，介绍"青咖"产品，寻找上下游合作方，招商引资，吸引投资者；聘请专业媒体，围绕政府的文化消费理念等，对"青咖"品牌进行权威媒体专题组合报道，提升品牌高度；聘请专家、学者，围绕"青咖模式"开展文创、经济、传播等学科的学术研究，提升专业高度。采用新闻化、典型化、专业化相结合的推广策略，实现三化联动推广：

权威媒体领衔推出：协同权威媒体，以"青田咖啡"为核心，围绕"青咖"品牌、青咖文化、青咖物质、青咖机制等开展系列深度报道。

公关外联吸引关注：在外联公关活动、招商引资过程中，将"青咖"作为区域推介重点。

专家学者学术支持：协同专家学者，围绕"青咖"开展有关咖啡文化和华侨专题的专项研究。

2. 以终端为主推战场，推广产品文脉与特质

"让产品自己说话"。以产品为主角，以终端为主推战场，建设产品自我推介的有效场所，协同生产场所、产品销售终端场所推广产品的文脉与特质——青咖+全生活体验店。

三、节庆推广

主办系列主题节庆活动。根据丽水生态休闲养生经济发展的总体要求，有效结合"青咖"的区域公用品牌建设，打造国际咖啡嘉年华、国际咖啡大师赛、青田咖啡音乐节、世界咖啡文化论坛、世界咖啡文化盛典等节庆活动进行"青咖"模式传播，高位快速提升"青咖"品牌知名度；通过以节庆活动为主推战场的产品推广与体验，广泛建立品牌美誉度。丰富产品线，深化品牌内涵，开发推广工具；通过举办世界咖啡发展论坛、青田咖啡博览会等大型活动为契机，"引进来"和"走出去"等双向方式，邀请国内外著名学者以及生产经营者，把脉国内外咖啡行业的发展

规律，深度研讨咖啡及相关西式美食品牌化及科学管理等问题；加大宣传推广力度，巩固母品牌的知名度、美誉度，开发与提高品牌忠诚度。将节庆形成品牌，并进行咖啡店、咖啡师、咖啡产品等各类权威评选，每年进行持续稳定的宣传推广，进一步提升品牌美誉度、忠诚度；加大力度管理品牌资产，维护品牌价值，谋求更大的品牌溢价空间。以及进行系列评选如"年度青咖示范店"评选，通过比赛，设置若干奖项，如年度营业额最高的示范店、顾客最满意的示范店等；"年度咖啡师"评选，通过咖啡师技能的比赛，评选最具人气咖啡师等评选结果通过相关媒体发布，并得到政府的嘉奖。

区域品牌协同传播。品牌传播要注意与其他青田品牌和青田文化，如"刘基文化""青田石雕""青田玉"等产品进行有效互动与协同传播，以扩大品牌的联动效应。实现与丽水国际摄影节、生态养生游等活动的联动，增加品牌传播的协同效应。将青咖嵌入丽水及周边地区的旅游节，实现旅游、美食、文化的协同效应。

四、媒体推广

利用互联网、移动终端、电视、广播、报纸等，广泛宣传咖啡"公用品牌"，提高消费者对"公用品牌"的可信度，增强"公用品牌"的社会公信力。

第五章 品牌连锁计划

一、青田人商协会

充分发挥青田人"行商创天下"的特有品质，凝聚"县内青田人、县外青田人、海外青田人"的创业激情与力量，完善政策供给机制，通过以"青咖"连锁为切入点开启"二次创业"新征程，打造咖啡单品店、综合店示范样本，并在机场、动车站等交通要点设点，引导他们抱团"资源共享、产品共溯、市场共拓、品牌共树、人才共育、产业共兴",进一步做大青田人经济版图,也成为青田文化和华侨文化的展示窗口。

二、样板店,发挥示范效应

实施"总部+"战略,在精选咖啡单品店、综合店示范样本的基础上,建议采取"总部+旗舰店、综合店、单品店"实体运作模式,将丽水、温州、杭州、宁波作为市场拓展的第一圈层,将上海、安徽、江西作为市场拓展的第二圈层,向外稳步拓展。实施"公共品牌+"战略,经审核认证,可允许咖啡经营者采取"公用品牌"、自有品牌、代理品牌等形式多品牌经营,尽可能地提高市场占有率。

咖啡精品示范店拓展项目:摸清县内、外青田人经营的咖啡店数量、规模,通过提升改造、门槛准入,争取到2020年,实现咖啡精品示范店实施布点100家;到2025年,实现咖啡精品示范店500家,跻身国内咖啡实体店数量前五位。

第六章 品牌产业规划

咖啡产业链,故名思议,是整个咖啡产业的企业的集合。产业链即从一种或几种资源通过若干产业层次不断向下游产业转移直至到达消费者的路径,它包含四层含义:一是产业链是产业层次的表达;二是产业链是产业关联程度的表达。产业关联性越强,链条越紧密,资源的配置效率就越高;三是产业链是资源加工深度的表达。产业链越长,表明加工可以达到的深度越深;四是产业链是满足需求程度的表达。

一、咖啡原材料

咖啡豆、咖啡粉、咖啡伴侣、速溶咖啡、奶油粒、奶精、调味糖浆、饮料、食品、调味品、食品添加剂、食品配料、干果、膨化食品、咖啡、咖啡酱、咖啡片、咖啡巧克力、咖啡饮料、糕点、咖啡奶、咖啡糖等。

二、咖啡酒类杯具

咖啡滤纸、咖啡棒、咖啡罐、咖啡壶、咖啡桌、咖啡勺、咖啡搅拌器及咖啡冲泡用具、咖啡杯、咖啡碟、个性瓷器、酒具、器具等。

三、咖啡酒吧机械设备

各种咖啡机、咖啡自动售饮机、蒸汽咖啡机、蒸馏咖啡机、冰滴咖啡机、咖啡烧烤研磨设备、各种咖啡磨豆机、咖啡专用炉具、各种咖啡壶、各种咖啡器皿、咖啡礼盒、咖啡机前置水质净化装置、制冷机、碎冰机、冰粒机、雪花机、冰淇淋机、雪霜机、冷藏柜;加工、检验、包装、储运设备及技术保障;食品加工、包装机械、包装材料、咖啡豆处理设备、咖啡豆脱壳设备、咖啡豆去核设备、咖啡豆清洁设备和分级设备、咖啡豆研磨机、咖啡豆抛光设备、咖啡豆烧烤机、咖啡打浆机、咖啡调制设备、咖啡筛选机、涂层设备、冷冻干燥设备、咖啡粉加工设备、咖啡精喷洒烘干设备、脱咖啡因设备等。

四、咖啡酒吧工程装饰设计用品

咖啡酒吧硬装软装设计用品;桌椅、壁纸、油画、灯饰材料、各种吧台设备、杯盘器皿、沙发、工作台等餐厅基本设施。

五、咖啡酒吧服务培训

国际咖啡馆、酒吧经营服务机构、连锁加盟店培训等。

六、进口商品

高档、古典家具展示;高档服装、服饰等饰品;白酒、啤酒、葡萄酒、黄酒、保健酒、威士忌、白兰地、甜酒、果酒、酒原料、含酒精饮料、其他类别酒;高档红酒、洋酒及白酒等。

七、青咖创意衍生品的研发

开发青咖卡通形象,以卡通游戏人物为原型,开发公仔、挂件、办公用品、生活用品等衍生物;以青田石雕文化结合青咖品牌为基础，开发青咖工艺品衍生品；开发"青咖"主题网页游戏或手机游戏；以游戏人物为原型，开发微博、微信、QQ等人物表情。

第七章 运营模式

一、合作模式

青咖区域公用品牌由政府监管，由青田县旅游发展有限公司（待定）和中国隐墅集团共同成立的青咖文旅发展有限公司进行管理运作，由中国隐墅集团负责运营管理：在"青咖"的品牌建设中负责日常运作、管理和监督的职责，并对品牌运作的整体效益负责。

二、分工运营

（一）政府职责

1. 保障产品质量，夯实品牌基础

实行咖啡品质追溯和责任制。对违反规范的生产经营者进行处罚，对于经营质量中存在的问题，追溯生产经营者相关责任，并将不良质量表现记录在案，作为政策落实和奖惩的直接依据。废除各类奖励和荣誉的终身制，对不合格者取消青咖品牌专用权的使用资格，并公之于媒体，真正做到以质量创品牌，以监督体系维护青咖品牌声誉。

2. 强化生产服务，完善产业基础

整体规划咖啡产业链，强化咖啡产业的生产性服务业，鼓励全县围绕咖啡产业开展草根创业，以带动多个相关产业，促进经济的整体发展。

加强咖啡豆合作基地建设。借鉴出口农产品基地管理做法，引入"原产地"概念，加强原材料的合作建设，以咖啡豆为重点产业，从源头上保障"咖啡"的高品质。

3. 引发联动效应

将青咖产业融入区域旅游产业和乡村文化的建设中，充分发挥"青咖"的市场声誉和乘数效应，培育具有侨乡文化特色的产业经济，使青咖产业与旅游业、特色玉石、特色小镇建设形成共生经济态，总体协调发展。

（二）企业职责

1. 完善质量标准，规范产品形象

（1）规范咖啡豆质量。修订咖啡豆原材料采购标准、咖啡制作工艺标准以及门店形象规范等，提出相关的解决措施，完成质量认证工作，确保青咖质量形象，突出竞争优势。

（2）丰富产品系列。拉长和充实青咖产品线。保留咖啡的精髓。同时也因地制宜地开发满足市场需求的咖啡，适应不同区域消费者的口味差异，丰富咖啡的产品系列。

2. 探索商业模式，创新品牌经营

（1）重视商圈规划。做好青咖经营者的统计工作，根据品牌发展的总体安排，有选择地制订优化发展地区和重点经营区域，并根据各店铺的经营能力和营业辐射范围，做好商圈规划引导工作，指导经营者按照安全距离合理开设店铺，以保证每家店铺的盈利空间，避免出现同业过度竞争的混乱局面，维护和保障青咖的整体形象。

（2）创新渠道建设。在现有产品工艺的前提下，对城乡有影响力、人流量大、人口密集度大的区域重点规划和布置品牌授权店，开拓新的终端渠道，如高速公路服务区、车站码头、社区便利店、大学城、科技园等，扩大"青咖"的市场影响力。

（3）开发网络经营。落实"互联网+"发展思路，制定"互联网+"行动计划。在品牌推广期，可充分利用现代网络、信息技术，精心设计"青咖"的网络平台：包括青咖官方网站等，完

善支付宝等各类网银支付，完成相关APP开发，完善嫁接移动互联网的经营条件，明确青咖的区域定位和品牌形象，探索网络经营的新方式，运用统一的企业形象识别系统，建设和维护青咖的网络形象。

（4）探索合作模式。面向各类不同业态的青咖经营者、原产料供应商以及生产性服务企业，探索不同方式的合作模式，通过品牌加盟、投资合营、战略联盟等方式，寻求多种形式的利益分享机制，创新"青咖"品牌经营新模式。

第八章　政策支持

一、基础配套支持

1. 青田咖啡小镇：打造咖啡小镇文旅融合发展模式，打造青咖创意园、青咖旗舰店等等。

2. 咖啡博物馆：关于青田与咖啡的历史通过老照片和文献、咖啡器具等形式展示。

3. 咖啡培训学校：建立"青咖"品牌建设人才的长效培养机制。加强与国内有关高校和研究机构的交流与合作，采取合作培养、短期培训、挂职锻炼等多种形式，培养具有开阔视野和实践经验的品牌建设人才。创造引进人才的良好环境。积极引进国内外高层次品牌管理人才和品牌建设服务团队，促进农产品品牌发展。对于引进的高层次品牌管理人才，给予调动、落户、奖励等方面的优惠政策。

4. 咖啡观光工厂：观光工厂是"体验经济"的客观载体，抛开冷冰冰的传统企业操作模式，从青咖品牌建立与发展的角度切入，运用说青咖品牌故事的方式，向更多消费者呈现咖啡的历史，展现出青咖的经营价值。

5. 咖啡加盟总部：实施"总部+"战略，在精选咖啡单品店、综合店示范样本的基础上，建议采取"总部+旗舰店、综合店、单品店"实体运作模式。

6. 打造青咖一条街：以青田咖啡文化、华侨文化和青咖品牌主形象打造青咖一条街。

二、组织保障

区域公用品牌的性质决定，其品牌建设需要有政府高层、职能部门、行业协会、龙头企业、合作社等多个不同层面、不同性质的机构与实体的分工协作。青咖基于各地区域公用品牌创建的成功经验及自身现状，创新了如下青咖区域公用品牌建设的组织体系：青田县委、县政府是"青咖"品牌建设中战略决策的制订者、品牌经营的监管者、品牌传播的推动者；青田旅委为"青咖"品牌的商标所有者；青咖文旅发展有限公司为"青咖"品牌的经营主体，统筹协调各部门、各级生产主体、子品牌经营者等，深入实施品牌战略，构建"青咖"品牌建设的集中服务平台；青田县委、县政府各职能部门须齐心协力，配合协助"青咖"品牌的建设工程，依据品牌战略，推动品牌建设，实现互动共赢。

三、资金支持

1. 青咖公用品牌专项发展基金不少于500万。

安排相关专项资金，对"青咖"品牌的重大项目给予补助、贷款贴息、配套资助，以及对促进品牌建设发展做出突出贡献的有关部门和企事业单位给予奖励等（专项资金管理办法另行制定）；对经认定的涉及品牌发展的全局性、可持续性的重大项目，政府在专项资金中予以重点支持。向上争取浙江省省级财政补贴。

2. 制定分级制门店奖励补助制度，对青咖门店给予补助。

本内容由隐墅公司策划部提供

YIN SHU
MO SHI

附录 II
隐墅模式之媒体聚焦

大罗山"别墅"的别样玩法

捷音/文

野趣+精致的别墅型房子+多样的玩法,所以大罗山的水和居不能称之为别墅,应该叫"别野"才对,取别墅的"墅"一半的形,别业的"业"的谐音。

"别墅"之初级玩法

烤火、喝茶、喝酒、喝咖啡、发呆、晒太阳、打牌,这是水和居的初级玩法,适用于普罗大众。该种玩法不需要带太多装备。一般一天到半天时间为宜。

躺在床上晒太阳、看星星:水和居的屋前屋后全部用落地玻璃窗,连屋顶也开出了几个大天窗,弥补原先老建筑屋内采光不足。水和居有四个房间,分别命名为"有时间""没时间""花时间"和"享时间"。晴天,在屋里就能晒到太阳:一边做日光浴,一边欣赏蓝到透明的天空、深邃的远山、苍翠的巨木;雨天,坐在沙发上,一边聆听山雨淅淅沥沥拍打头顶的玻璃,一边沉醉在云雾缭绕、若隐若现的人间仙境中。夏天的晚上,听着虫鸣,躺在床上看星星,还没有蚊虫的侵扰,实在是妙不可言。

烤火、发呆、打牌:一楼的会客厅带着壁炉,门前屋后就有不少枯枝可供捡拾,冬天山间寒冷,可围炉生火取暖,喜欢打牌的记得带牌就行。

喝茶、聊天：一楼有厨房，锅灶碗筷一应俱全，烧水的壶、茶盘、杯子都有，爱喝茶的带上茶叶，喝咖啡的带咖啡即可，对茶具有讲究的，也可以自带特色杯子、茶壶。

"别墅"之中级玩法

爬山+轰趴+钓鱼，这就是《爸爸去哪儿》+《人生第一次》的节奏。别墅里有四间房，所以四户人家带小孩出游，在这里住一晚，搞个"轰趴"就再合适不过了，而且这里的房间有大有小，各有特色，可以通过抽签决定，看看谁的运气更好，能睡到心仪的房间。还可以自带喜欢的食材，互相分享自家的拿手菜。喜欢吃烧烤的人最好到超市购买烧烤专用炭，用起来更加放心，烧烤的食材最好先腌制过。山上买东西不是很方便，所以要住在山上的话，就一定要准备好充足的粮食。

大罗山的天河水库，离水和居大约15~20分钟的路程，喜欢钓鱼的人，可以去水库钓鱼，要是有收获，就可以为大家加餐了；没收获，也可以欣赏山上的美景，呼吸新鲜空气。

大罗山有很多条健身步道，根据自己的能力选择难度值不等的线路，有关部门也在一些关键的路口放上了不同类别的登山步道路线图。如从五美景园出发，途经茅台水库、盘云谷文创村、光岙、山鸡坑水库、龙脊、石竹、红枫古道等大罗山著名风景区，最后回到五美景园。

"别墅"之高级玩法

除了前面两类纯玩法外，还有一拨人更有追求，在水和居玩起专题聚会，有古筝会、吟诗会、发烧友音乐会、品香会、英语沙龙……

赵浩然&英语角活动：浩然身边有一群因为英语角活动结缘的朋友，每周一次的活动频率，有亮点的活动场所很重要，它能

隐墅模式

对活动氛围起到很好的调解作用,因此,浩然对在水和居的这次活动评价很高。

活动中,有位来自瑞安中学的外教,对水和居里的北欧式壁炉、原木桌椅、精致的烧烤架、乡野环境都赞不绝口。这位外教老家在美国乡下,在家时,吃完晚饭,一家人会围着壁炉,花一两个小时聊天,父母还会给孩子朗读故事书,电视是不允许看的。通过这种方式的交流,家人的感情都很好。这次在水和居的活动,他说就像回到了美国的家中,大家聊聊平时的生活、情感、工作,挺好。

王建雷&2.14情人节发烧友音乐会:阿雷是做音响设备生意的,身边又有一群音乐发烧友,于是不定期的音乐会是必须要有的,让别人羡慕嫉妒恨的是,他们要是出去活动,所有的音响设备全部是演出级别的,非KTV里的音响能比的,效果自然也是杠杠的。

水和居在山野间,在山间开音乐会,再加上专业级的设备,自然受到了发烧友们的追捧。今年的2月14日,16人的队伍就在水和居摆开了阵势。大家K歌、聊天、烧烤、现场示爱,玩得不亦乐乎。因为喝了酒,晚上,所有人都住在水和居里,四个房间不够住,帐篷来凑,要的就是这个FEEL。

(原载于2014年2月21日《温都周刊》,有删减)

闲置民居竟变热门去处

黄松光/文

日本、我国台湾等旅游胜地刮来"民宿风",瓯海区不少山民也跟"风",利用自有民居发展民宿,吸引市民吃了"农家乐"、垂钓、爬山之外,还愿意留下来、住进来。为此,瓯海区把现代民宿列为该区扶持发展时尚休闲旅游的重点。

比如,引入浙江隐墅文旅产业发展有限公司首期投资亿元大手笔发展"文化民宿",主要是以大罗山自然风光为基础,利用位于仙岩街道的盘垟村石墙民居建筑优势,以文化艺术为亮点,建筑保护为核心,开发与文化艺术相结合的文化产业及休闲旅游项目——盘云谷文化创意产业村。

"盘云谷"划分为艺术家走廊、建筑设计试验场、文化休闲天地、保健养生广场、户外运动基地、民俗文化基地、乡村客栈、亲子互动乐园、民间收藏馆、创意农业观光、奇石天地等几个功能区。如今,"盘云谷"首期改造工程——对盘垟村57幢古老半废旧的石头屋创意改造正在进行,建成后的创意村将作为时尚休闲项目向市民开放。

(原载于2014年10月8日《温州晚报》,有删减)

隐墅模式

57幢"盘云谷"农房变身"隐墅"

朱斌/文

破旧农房成宜居小屋,还有了雅名

盘垟村是位于大罗山海拔630米的自然村,也是盘云谷文化创意村的项目所在地。

昨天,记者刚一进村,就看到一处用竹栅栏围成的别墅式二层小屋,门牌上写着"盘云谷·遇见"。打开竹门,拾级而上只见屋外的院子摆着桌子、遮阳伞,还有烤炉。屋内一楼是茶歇室、会客厅、餐厅等。二楼配有四个卧室,可同时容纳十多名宾客。

工作人员说,"遇见"是这间小屋的雅名,盘云谷已完成15间破旧农房的改造,每间都有自己的名字,还编上号。

在盘云谷,还有一处大型广场,摆放着不少创意作品。广场旁,一间名为"乐陶社"的小屋,是一处童创空间,里面有可供亲子互动的版画、陶土、木工工艺创作室,还有休闲娱乐区。工作人员说,这里还经常接待学校的夏令营活动。

57幢小屋,57个主人,谱写57种风情

想出盘云谷文化创意村这个点子的,是东瓯智库的掌舵人马勇伟。对于这些小屋,马勇伟取了一个清新的名字——隐墅。

附录Ⅱ　隐墅模式之媒体聚焦

马勇伟说，他的定位是乡村闲置资产的增值服务商，都市人乡村休闲生活的定制者，乡村生态产业链的构造者，最后才是乡村隐墅专业运营管理服务商。"经营隐墅，只占四分之一。"他说，通过隐墅，打造原生态的微度假基地，进而发展农村的观光农业、餐饮和农特产品；都市人在这里成为"隐素"，穿布衣，吃绿色蔬菜。

而隐墅的投资模式，也是一大亮点。一种叫"微享一号"，即众筹模式，单幢隐墅征集100位爱好者，让大家投入资金当股东，享受股权分红；还有一种叫"畅享一号"，一次性投资，拥有一幢隐墅，但做甩手掌柜，将策划、设计、装修以及经营管理全部交给投资方的管理公司负责，每年获得营业额提成。马勇伟说，他们还将陆陆续续推出一些投资模式，但总的理念就是，让大家一起"玩"。

盘垟村里，被马勇伟以15年租期租下的农房有57幢。马勇伟说，57幢小屋，57个主人，有57种风情，57个故事，不是宾馆式的打造，风格也没有高低端之分，这正是他追求的效果。

（原载于2015年10月24日《温州都市报》，有删减）

隐墅模式

57幢民宿，57个主人，盘云谷的"隐墅模式"悄然兴起

孙余丹/文

从大罗山盘山公路驱车而上，约10多公里，便至盘垟村。村中留存古朴石屋57间，大半废弃。2013年9月，村中首幢民宿"水和居"的落成，这个古村落有了新身份：盘云谷文化创意村。

如今，盘云谷一期已有15幢隐墅开张，每一幢老屋都有了自己的主人，并以不同风情及各具特色的装修风格迎接每一个到访的游客。这个由浙江隐墅文旅产业发展有限公司运营的项目，引入了当下潮流的"众筹"模式，普通人通过投资成为隐墅的主人，再通过众创的方式，让原本破败的古村落彰显出新的生机，最终实现全民共享美丽乡村的建设成果。

今年10月，盘云谷文化创意村里的梧桐·墅迎来了第一波入住的游客。十一期间，盘云谷里的隐墅一床难求，仅梧桐·墅一家，就创造了15%的营业额。这让初次涉猎隐墅投资的刘可正感到欣喜。

而立之年的刘可正是土生土长的农村人，如今生活在城区，时时怀念儿时的大山田野，总想着和儿时的伙伴一起，在乡下买

个房子，做一个山间里的梦想家。

　　此时，隐墅公司董事长马勇伟已着手在大罗山盘垟村里开拓"隐墅版图"。2013年，隐墅公司和盘垟村正式签下15年的房屋租赁合同，决定对村里的农房进行修复、设计并提升改造，打造创意村。同时，一则"寻找中国合伙人"的广告在坊间传开：投资者投资50万元，就可以在创意村里挑选一幢老屋，成为其主人。

　　一边是刘可正在找老屋，一边是57幢老屋在等待新主人，梧桐·墅便应运而生。

　　投入50万元，就能成为隐墅的主人，不仅可以自己住，隐墅空置时还能对外营业，每年隐墅主人可获一笔收益。项目一经推出，就吸引了十多名投资者。隐墅的主人中，有的是夫妻，有的是工作搭档，有的是闺蜜，有的是恋人。投资后，除了提出想要的装修风格外，主人们做起"甩手掌柜"，从策划、设计到经营管理，都由隐墅公司全权负责，装修及后期经营所需的一些费用，也由公司"买单"。

　　现在，山间隐墅吸引着越来越多的人前来探访，古老的石头屋悄然"苏醒"，盘云谷作为生态文化创意社区已初具规模。盘云谷企宣负责人金翔翔说，过去三年，盘云谷处于建设与试运营并进的阶段。一期20幢隐墅改造有望于今年底全部完成，二期招商将同步启动。

（原载于2015年10月25日《温州日报》，有删减）

云上平田：低调却颜值爆表的山间民宿

邱莹莹/文

一座石块垒砌、灰瓦覆顶的老土房改建而成的木香草堂，牛栏和黄泥房改建而成的农耕博物馆……在四都乡平田村，由于海拔高，全年有200多天"身处"云雾深处，仅仅2年，因为28幢老屋的改造，这个无人问津的省级贫困村华丽蝶变，成了享誉华东的"云上平田"。

适逢雨天，驱车从县城出发，20分钟左右的车程，转过一个小弯，一个黑瓦房、黄泥墙的小村庄初露容颜。木质家居、古典的精致物件，冒着丝丝细雨走进这些村屋，既能闻到老屋原有的"泥土味道"，又能体验到充满现代设计感的舒适居住环境。

2014年，当平田村被列入第三批国家传统村落，正好遇上松阳古村落保护和发展工作如火如荼地进行，老书记江根法希望可以抓住这次机会，把村里祖传的老房子进行修缮，让萧条的村庄重新恢复生机。"我和哥哥姐姐一起租下了村里的28幢闲置房及危房，进行修缮维修，就为圆父亲一个梦。"江根法的儿子江斌龙说。就这样，云上平田·慢生活体验区应运而生了。

在这里，旅游不只是民宿，村里有农耕博物馆、乡村酒吧、垂钓中心等功能区块，将传统农耕文化与城市的现代生活理念相结合、应用,既保护了古建筑,又带动了村内民宿业的发展,项目一期总投资1500万元。

2015年8月,经过精心设计准备,首家民宿"木香草堂"试营业,6个标间、2个套房一共15个床位,仅仅两个月后,原本默默无闻的村庄靠民宿人气大涨,房间被订购一空,慕名而来的游客甚至直接搭起帐篷住下。

"一开始真的没想到会得到那么多人的关注,我们开始提升软实力,让本地村民成为招待者,游客到这儿来还可以听到正宗的平田故事。"负责人叶丽琴说道。去年冬天,平田大雪,车辆禁止通行,游客就这样步行上来,说一定住平田的民宿,还打趣说是"假装在挪威",让我们倍受感动。

而相比传统的民居改造,"爷爷家"青年旅社的设计更加独特,这座普通夯土民居本是一幢破败的四合院,屋顶、横梁都已腐烂,甚至部分外墙已经开始倾斜和坍塌。现在,这里每个房间的底部安装有一组万向轮,入住者可以自己推动建筑,组合空间,墙体上还开了大小不一的洞口,安装了有色灯管。夜晚,华灯初上,灯光开启,整个房间像是个幻彩的水晶宫。奥运会鸟巢灯光设计师张昕博士用光和影把这个重生的村落装点成童话小屋。

在"云上平田",每个设计的背后都站着一个大咖——清华大学原建筑系主任许懋彦、香港大学建筑系主任王维仁、中央美院数字空间与虚拟实验室主任何崴及毕业于哈佛大学的年轻建筑师徐甜甜。

"原本村里的老房子失去了住宿的功能,通过设计、改造,我们让它们重新'复活'。"这些大咖都有一个共同的想法:把平田建成"推开窗是云,抬起头观星"的休闲胜地。

自去年8月份试营业以来,牵手民宿业的平田村接待了20多

隐墅模式

万人次的参观、住宿者,萝卜片、番薯条等高山土货也成了外地客人哄抢的美食。原本只卖几毛钱的萝卜现在卖两元一斤还供不应求。到今年3月底,包括餐饮、住宿、活动,营业额达100多万元。

民宿的改造让农村焕发出了新的活力,不少外地打工的村民,尤其是青年人陆续返乡,现在又有3幢农民自己的房屋在改造中。平田村的老人觉得新奇,墙还是那段黄泥墙,打开门,却已经是走入了一个新世界。

(原载于2016年5月21日《浙江日报》)